AF566281

Doroteja Omahen

Prite jèst! Kommt essen!

Kochereien der Region Koroška in Slowenien

Einfache, aber köstliche Gerichte
unserer Mütter und Großmütter

Übersetzt aus dem Slowenischen
von **Peter Kamien**

Originalausgabe:
Doroteja Omahen: »Kuharija po koroško. Slastne, a preproste jedi naših mam in babic«, Cerdonis, Slovenj Gradec 2022.
Das Rezept »Kärntner Roggenbrot« entstammt der zweiten Auflage (Slovenj Gradec 2023), Übersetzung: Peter Wieser.

Fachkundige Unterstützung und Hilfe bei der Auswahl der Rezepte und Geleitwort:
Brigita Rajšter, Kustodin, Univ. Dipl. Ethnologin und Professorin für Geschichte

Würdigung:
Janez Bogataj, Em. Prof. Dr. der Ethnologie

Zubereitung der Gerichte:
Anuška Viher, Haus Viher in Vuzenica

Food Stylist und Projektunterstützung:
Bernarda Lasan

Fotos:
Tomo Jeseničnik, Archiv des Koroški pokrajinski muzej (Kärntner Regionalmuseum), Archiv von Doroteja Omahen

Illustrationen:
Alma Mimi Arnold

Beratung in Dialektfragen:
Iva Potočnik

Unterstützung und Ermutigung während der Entstehung des Buches:
Vlasta Nussdorfer, Mag.[a] Olga Paulič und Dr.[in] Evita Leskovšek

Übersetzung aus dem Slowenischen:
Peter Kamien

Redaktionelle Beratung:
Peter Wieser

Layout, Satz, Grafik:
Nataša Vuga, arnoldvuga+

Druck:
Florjančič tisk, Maribor, www.florjancic.si

www.verlagheyn.at

ISBN 978-3-7084-0689-3

Printed in Slovenia

Mit freundlicher Unterstützung von

INHALT

BREIN

MEHLGERICHTE

FLEISCH

SUPPEN UND EINTÖPFE

SOSSEN, GEMÜSE UND SALATE

Ich widme das Buch meinem lieben Mann
Feliks »Srečo« Omahen aus Dankbarkeit
für seine Hilfe und Geduld und sein Verständnis
für meine Liebe zu Kärnten.

VORBEMERKUNGEN DES VERLAGS

Die Region Koroška* ist keine Verwaltungseinheit der Republik Slowenien, sondern eine statistische und eine Entwicklungsregion, die fremdenverkehrsmäßig stark beworben wird. Sie umfasst einige Gemeinden, die bis zum Friedensvertrag von St. Germain 1919 zum Herzogtum Kärnten gehörten, und einige weitere, die bis 1919 Teil der (Unter-)Steiermark waren, zuvor in der Geschichte aber, bis Anfang des 15. Jahrhunderts, zu Kärnten gehört hatten. Namentlich umfasst die Region Koroška folgende ehemals Kärntner Gemeinden: Črna (Schwarzenbach), Dravograd (Unterdrauburg), Mežica (Mießdorf), Ravne na Koroškem (Gutenstein) und Prevalje (Prävali). Von den ehemals untersteirischen Gemeinden sind dies Mislinja (Missling), Muta (Hohenmauthen), Podvelka (Podwölling), Radlje ob Dravi (Mahrenberg), Ribnica na Pohorju (Reifing am Bachern), Slovenj Gradec (Windischgraz) und Vuzenica (Saldenhofen). Geografisch gesehen handelt es sich um die Täler der Flüsse Meža, Mislinja und Drava (Mežiška dolina oder Mießtal; Mislinjska dolina oder Misslingtal; Dravska dolina oder Drautal) bzw. Teile von ihnen.

Auf Deutsch heißt die slowenische Region Koroška Kärnten – so wie der Name des benachbarten österreichischen Bundeslandes Kärnten auf Slowenisch Koroška lautet. Diese Namensgleichheit mag mitunter irritieren, deshalb sei hier betont: Ist in diesem Buch von Kärnten und kärntnerisch die Rede, ist in der Regel immer die slowenische Region Koroška gemeint.

Dank ihrer langen gemeinsamen Geschichte teilen sich die beiden Regionen noch weit mehr als ihren Namen. Es gibt vielfältige Beziehungen, Überschneidungen und Ähnlichkeiten, nicht zuletzt kulinarischer Natur. Dies betrifft nicht nur die Gerichte, sondern insbesondere auch ihre Namen sowie Begriffe aus der Küche, die da wie dort seit langem eingebürgert sind.

In diesem Buch werden aus naheliegenden Gründen die Benennungen und Ausdrücke aus der regionalen und der österreichischen Küchensprache verwendet. Sollte Ihnen eine Zutat oder ein Begriff nicht geläufig sein – bitte ziehen Sie das Glossar am Ende des Buches zurate, dort haben wir einige dieser Ausdrücke auch ins Binnendeutsche übersetzt oder erklärt.

Ausnahmen bestätigen die Regel: Die Rezepttitel sind wie schon in der slowenischen Ausgabe im lokalen Dialekt gehalten, zuweilen sind auch mehrere Namen angeführt, das erklärt die manchmal nicht einheitlichen Bezeichnungen oder Schreibweisen. Und die in Kärnten noch verbreiteten Maße Dekagramm und Deziliter wurden in Gramm und Milliliter umgerechnet, um das Kochen mit heute handelsüblichen Küchenutensilien zu erleichtern.

Die Rezepte in diesem Buch stammen aus unterschiedlichsten Familien. Um ihre Individualität zu wahren, haben wir auf eine allzu starke Harmonisierung verzichtet – so variieren etwa die Portionsgrößen, Sie werden auch nicht immer Hinweise auf die zu sättigenden Personen finden oder ob sich ein Gericht eher als Hauptspeise oder als Beilage eignet. Stattdessen erhalten Sie viel Raum für Entdeckungen und nicht zuletzt dank der Geschichten um die Rezepte herum einen wunderbaren Eindruck von der kulinarischen Tradition der Region Koroška.

* Zur Aussprache slowenischer Schriftzeichen:
c = z, č = tsch, s = scharfes s (wie in Tasse),
š = sch (wie in Schokolade), z = weiches s (wie in Rose),
ž = weiches sch (wie in Journal), h = ch (wie in Dach)

Wir sind hier in Koroška daheim
Von Bergen umkränzt,
in Täler geschmiegt.

Von Gipfeln verborgen
ist unser Land,
und doch sind wir weit
in der Welt bekannt.

Volkslied, bearbeitet von **Jožko Kovačič**

Übersetzung: Miran Leydold

ZUM BUCH

Doroteja Omahen, Autorin und Redakteurin

Nun gibt es die »*Kuharija po koroško*« auch auf Deutsch. Ein Buch mit den traditionellen Rezepten der Region Koroška. Überliefert von unseren Müttern und Großmüttern aus allen drei Tälern: Mežiška dolina, Dravska dolina und Mislinjska dolina (Mieß-, Drau- und Misslingtal).

Zunächst herzlichen Dank an alle, die mir geholfen haben: An erster Stelle die Kustodin des Koroški pokrajinski muzej (Kärntner Regionalmuseum), Brigita Rajšter. Sie war beruflich an der Entstehung dieses Buches beteiligt, beriet und half bei der Rezeptauswahl: »Wir wollen die alten Gerichte der Region Koroška aus der Vergessenheit holen, sie für zukünftige Generationen bewahren und das Wissen über sie weitergeben.«

Auch diese Personen haben mir bei der Suche nach den Rezepten der Region Koroška geholfen: DI Simon Rožej, DI^{in} Anuška Viher, Majda Horjak, Prof.^{in} Helena Kresnik Pažek, Greta Jukič, Lehrerin, DI^{in} Majda Šavc, Anže Habjan, Akad. Prof. Dr. Ivan Kreft, Daniela Ledinik Čehovin, DI^{in} Irena Triglav, Sonja Kus und Zdenka Javornik. **Ich danke ihnen allen sehr.**

Die letzten fünf Jahre meines Zusammentragens alter Kärntner Gerichte führten zu einer Sammlung von ca. 120 Rezepten unserer Mütter und Großmütter. Sie wurden alle ausprobiert, 56 der charakteristischsten oder interessantesten ausgewählt und in dieses Buch aufgenommen. Geordnet sind die Rezepte hier nach Speisen und ihrer Bedeutung für das Leben und das Brauchtum in der Region. Alle Autorinnen und Autoren sind bei den Rezepten vermerkt.

Das Kärntner **Brot** wird gleich im ersten Kapitel vorgestellt, da es in der Region Koroška das wertvollste Lebensmittel war und immer noch ist. Dann folgen drei Kapitel mit weiteren Gerichten aus verschiedenen Getreiden, die Hausfrauen gerne verwendeten: **Kuchen, Reindling und anderes Süßes** beschreibt zunächst die Zubereitung von Potitzen, auch solche mit besonderen Zutaten für die großen Feiertage. Süßspeisen wurden von der Hausfrau der Region Koroška aber am liebsten gekocht (und nicht gebacken), und sie schmalzte sie manchmal sogar mit Grammeln ab, so wie viele andere Gerichte auch. Weitere interessante Süßspeisen, wie ein Kärntner Chaudeau aus Apfelmost, sind in diesem Kapitel angeführt. **Brein** aus Heiden, Hirse oder anderem Getreide war ein wichtiges und beliebtes Grundnahrungsmittel. Auch herzhafte und süße **Mehlgerichte** wie Sterz, Knödel oder Nudeln spielten eine wichtige Rolle in der Ernährung der *Korošci*, der Kärntner. In ärmeren Familien aß man nicht sehr oft **Fleisch**, in der Oberschicht natürlich schon. Ich habe auch zu diesem Thema einige interessante Rezepte gefunden. **Suppen und Eintöpfe** waren nicht Teil von Menüs, sondern Hauptgerichte. Nicht selten wurden sie aber auch schon zum Frühstück gegessen. Soßen, **Gemüse und Salate** kamen täglich als obligatorische Beilagen auf den Tisch.

Verteilt über die sieben Kapitel werden ergänzend acht besondere Kärntner kulinarische Spezialitäten vorgestellt und mit Illustrationen veranschaulicht.

Ich habe die Rezepte einfacher heimischer Gerichte in der Region Koroška gesammelt, wo jedes Dorf seinen eigenen Dialekt verwendet. Der besseren Verständlichkeit halber sind die Rezepte im Buch aber nicht im Dialekt wiedergegeben. Nur die Titel der Gerichte und einzelne Wörter in der Anleitung zur Zubereitung sind im Original geblieben, die wir auch in der deutschen Ausgabe so stehen lassen wollen. Hier und da habe ich auch unterschiedliche Bezeichnungen für das gleiche Gericht gefunden.

Ein wenig mit Kulinarik verbundene Prosa und Poesie aus der Region Koroška vermittelt die Atmosphäre, in der diese Rezepte geboren wurden.

Aus Kärntner Roggenbrot ausgeschnittene Herzen, belegt mit regional typischen Aufstrichen, dekoriert mit Kärntner Kräutern und essbaren Blüten, sind der Ausdruck meiner Liebe zu Kärnten und zu den alten Gerichten unserer Mütter und Großmütter.

Für das Fotoshooting des renommierten slowenischen Fotografen Tomo Jeseničnik haben wir 25 Gerichte im Viher-Haus in Vuzenica zubereitet, wofür ich mich bei Anuška Viher herzlich bedanke. 22 Gerichte wurden bei mir zu Hause gekocht und fotografiert.

Das Ergebnis unserer gemeinsamen Anstrengungen begeistert mich und erfüllt mich mit Dankbarkeit gegenüber allen, die an dem Buch mitgewirkt haben.

VORWORT

Vlasta Nussdorfer, Juristin, Buchautorin,
ehemalige Menschenrechts-Ombudsfrau
der Republik Slowenien

Ein positiver Gedanke lautet: »Je älter man wird, desto mehr wird einem klar, dass man nicht ständig Dramen, Konflikte und Anstrengungen braucht. Viel wichtiger ist ein warmes Zuhause, gutes Essen und Menschen, die dich lieben und die von dir geliebt werden.«

Als ich Doroteja vor vielen Jahren kennenlernte, wurde mir schnell klar, dass sie tausend und eine Gabe hat. Glückliches Mädchen, sagte ich zu mir. Und seitdem dreht sich auch bei mir vieles um die angenehmen und unvergesslichen Begegnungen, die ich mit ihr und ihren Freunden und Bekannten erleben durfte. Daher überrascht mich das Kochbuch nicht, in das sie ihre große Kärntner Seele und ihr großes Herz hineingelegt hat. Ein Herz, das für jedes einzelne Rezept und seine Umsetzung schlägt. Sie liebt alles, was gut und schön ist, und findet darin auch die größte Unterstützung bei ihrem Mann Feliks. Ich bin stolz darauf, die beiden zu kennen, und freue mich heute schon auf den Erfolg weiterer Meisterwerke, mit denen sie so viele gute und wertvolle Menschen und ihre Ideen zusammenbringt.

Die Region Koroška lebe in der vorliegenden »Kocherei« hoch, sie möge alle Menschen mit Herz erfreuen und verwöhnen!

ZUM GELEIT

Brigita Rajšter, Kustodin des Koroški pokrajinski muzej (Kärntner Regionalmuseum)

Prite jèst!

Kommt essen!

So ruft eine Kärntner Hausfrau, wenn sie zum Essen einlädt.

Dieses Buch lädt dazu ein, die Aromen und den Geschmack der Traditionsgerichte (wieder) zu entdecken.

Rezepte, Methoden und Verfahren der Speisenzubereitung, Kochkunst und Kochpraktiken gehören zum Bereich unseres immateriellen Kulturerbes. Die Erfassung der Urformen der Rezepte erfordert besonderen Aufwand, da die Zubereitung von Speisen einer ständigen Veränderung, Anpassung und Beeinflussung unterliegt. Rezepte, die zu einer bestimmten Zeit und an einem bestimmten Ort aufgeschrieben wurden, sind von kulturellem und historischem Wert. Gerichte, die nach diesen Rezepten gekocht werden, erhalten den Charakter eines Museumsobjekts, da sie Träger einer historischen Erinnerung sind. Durch die Art ihrer Zubereitung und ihres Konsums werden wir immer wieder an Personen oder Ereignisse aus unserer persönlichen oder gesellschaftlichen Geschichte erinnert. Sie entführen uns auf subtile Weise in die Zeit unserer Kindheit, unserer frühen Jugend, als unsere Großmütter und Mütter noch für uns kochten.

Über mehrere gesellige Jahre hinweg probierten Freunde die Rezepte ausgewählter Kärntner Gerichte aus, die als Familienerbstücke von Generation zu Generation überliefert und der Autorin Doroteja Omahen übergeben wurden. Viele der veröffentlichten Rezepte werden von familiären und persönlichen Geschichten der Köchinnen begleitet.

Hausmannskost umfasst eine Reihe von Alltagsgerichten, die sich von Tag zu Tag, von Saison zu Saison wiederholten, sowie festliche Gerichte, die an ausgewählten Tagen und zu besonderen Anlässen zubereitet wurden. Die Auswahl der Autorin Doroteja Omahen ist eine hervorragende Mischung aus beidem: von der einfachen Soße bis hin zu anspruchsvollem Gebäck und zu komplexen Fleischgerichten. Auf gelungene Weise präsentiert sie auch einige Kärntner kulinarische Besonderheiten: Kärntner Roggenbrot, *črničevec* (Schwarzbeerschnaps, Heidelbeerschnaps), Heiden (Buchweizen), Apfelmost (Apfelwein), *grumpe* (Grammeln), *povojček* (Gundelrebe, Gundermann oder *Glechoma hederacea*), Holzapfelessig und Leindotteröl (aus der *Camelina sativa*).

Unter all den Kärntner Gerichten nimmt das nach altem Rezept mit hausgemachtem Sauerteig zubereitete Roggenbrot eine besondere Stellung ein, da es als einziges Lebensmittel in seiner Urform erhalten geblieben ist – von Gott gesegnet und inspiriert durch seine traditionelle Zubereitung. Eine Spezialität des Brotbackens sind die *trente* (Trenten, flaches Fladengebäck mit Füllung), sie wurden früher als Leckereien für Kinder verwendet, in letzter Zeit sind sie als Schmankerln bei verschiedenen Veranstaltungen und Feiern beliebt geworden. Die Kärntner sind berühmt dafür, Kuchen, Reindling oder Potitzen sowie zahlreiche Nudeln (Teigtaschen) und *povitneki* (Struckel) mit verschiedenen Füllungen zuzubereiten. *Kločevi nudelni* (Kletzennudeln) mit getrockneter Birnenfüllung sind heute ein bekanntes Kärntner Gericht. *Rpičeva župa* (Erdäpfelsuppe) oder *repni zós* (Erdäpfelsoße) und *flike* (eine Art Nudeln) sind aus dem Kärntner Küchenalltag nicht mehr wegzudenken. Der sogenannte Kärntner Festschmaus, der traditionell bei Hochzeiten und anderen Festen serviert wird, gehört heute zum Angebot aller besseren Wirtshäuser: Rindsuppe mit Nudeln, *restana rpica* (geröstete Erdäpfel) und Tafelspitz mit Semmelkrensoße als besondere Beilage. *Koline*, das Schlachtfest, gilt immer noch als das wichtigste lokale Fest. Hausgemachte Wurstwaren sind von hoher Qualität. *Mežerli* (eine Speise aus gehackten Innereien) ist ein uraltes Gericht, das früher bei Hochzeiten und anderen Festen um Mitternacht serviert wurde. Es gehört heute zum klassischen gastronomischen Angebot. Beliebt sind die *prtene klobase* (Breinwürste), die mit Sauerkraut oder Weißen Rüben gegessen werden. Die wahren Spezialitäten, die zu den Schlachttagen zubereitet werden, sind gebackenes Blut und *tousti grumpi* (dicke Grammeln). *Grumpi* (Grammeln) sind zusammen mit dem Schmalz das Basisfett, auf dem hier die alltägliche Nahrung basiert, und sie sind die Geschmacksträger der *koroška košta*, der Kärntner Kost. Sie verleihen ihr ihren charakteristischen Geruch und Geschmack. Zu den Kärntner Gerichten gehört auch ein Topfenkäse mit dem eingebürgerten Namen Kärntner Topfen mit Zwiebel und Kürbiskernöl. Wenn Sie seine Haltbarkeit durch zusätzliches Reifen oder Trocknen an der Luft verlängern, dann ist das Ergebnis *gniv sir* (gereifter Topfen), der als Spezialität gilt. Er wird oft zum Frühstück zusammen mit Trockenfleisch angeboten. *Mošt* (Most, Apfelwein) ist ein Getränk für Werk- und Feiertag. Er passt perfekt zu Roggenbrot. Wir sagen, richtige Bauernkost, das ist ein Stück Schwarzbrot und ein Krügel Most dazu.

Die Veröffentlichung kulinarischer Familiengeschichten, versehen mit den Namen einzelner Köchinnen, steht für uns als Erinnerung an jede einzelne Kärntner Ehefrau, Mutter, Hausfrau und Köchin. Das Buch ist eine Hommage an die Arbeit von Frauen, die die Welt, wie wir sie hier kennenlernen, mitgestaltet haben. Die Köchinnen mit ihrem erlernten Mengen- und Geschmackssinn sorgten durch ihr tägliches Tun jede nach ihren Fähigkeiten auch mehrmals am Tag dafür, dass die Familienmitglieder satt wurden. Ohne ihre Arbeit wäre unsere persönliche, familiäre Welt ärmer. Allein der Geruch von frisch gebackenem Brot versetzt uns in eine andere Welt. Mit vollen Bäuchen sind wir zufriedener, fühlen uns sicherer und ruhiger. Die Mütter dieser Welt kennen dieses »Geheimnis«. Und Gewinner dabei ist die *rpičeva župa*, der Dialektname einer köstlichen Suppe aus Erdäpfeln (s. Seite 87).

Die weltoffene Doroteja Omahen ist ein echtes Kind der Region. Sie bereicherte ihre Kochkünste mit Erfahrungen aus vielen anderen Kulturkreisen und ist dadurch mit Frauen aus verschiedensten Teilen der Welt verbunden. Sie fand ihre Zufriedenheit und den Erfolg vor ihrer Haustür, in der Kultur ihrer Wurzeln im slowenischen Teil Kärntens. Nur aus einem tiefen Glauben an den Wert hausgemachter Kost wuchs dann auch der Mut, vor Fernsehkameras zu glänzen und mit einer einfachen Erdäpfelsuppe mit Grammeln die Konkurrenz wegzufegen (s. Seite 89).

Die Speisen, mit denen wir aufwachsen, sind Teil der Kultur, in die wir hineingeboren wurden. Das ist unser kulinarisches Erbe.

Mit den Fotografien solcher Speisen, meisterhaft durch die Linse des Fotografen Tomo Jeseničnik eingefangen, zelebriert dieses Buch die traditionellen heimischen Gerichte. Einfache Gerichte wie eine Gelbe-Rüben-Soße oder ein Erdäpfelsalat mit Trieben der Weißen Rübe glänzen im Rampenlicht. Die lieben Omas und Mütter ahnten nicht, dass sie so zu den eigentlichen Stars werden würden.

Auch wenn ein Mensch
die halbe Welt bereist,
das beste Brot daheim er speist.

Slowenisches Sprichwort
Übersetzung: Miran Leydold

BROT

EINE KULINARISCHE SPEZIALITÄT DER REGION KOROŠKA

Koroški ržen kroh

Kärntner Roggenbrot

Die Kärntner, die *Korošci*, lieben es ganz besonders und es stellt auch heute noch ein wichtiges Lebensmittel dar.

Hausgemachtes Roggenbrot, manche sagen »saures Roggenbrot«, ist eine Spezialität der Kärntner Küche. Es wird mit hausgemachtem Sauerteig zubereitet und im Brotbackofen gebacken. Nach ein paar Tagen ist es immer noch so schmackhaft und frisch wie am ersten Tag. Einige behaupten sogar, dass man nach dem Backen etwa zwölf Stunden warten muss, bevor man es isst, damit sich ein vollerer Geschmack entwickeln kann und sich das Brot leichter schneiden lässt.

Warum die Zubereitung mit Sauerteig, die eine der ältesten Techniken der Brotherstellung ist? Ohne Germ (Hefe) zuzusetzen, konnte man den Sauerteigansatz verwenden, also einen kleinen Teil des Teigs, den man vor dem Backen des letzten Brotes entnommen und aufgehoben hat und der bereits Hefepilze und Milchsäurebakterien enthält. Diese Art der Zubereitung verleiht dem Brot sein charakteristisches Aroma, seinen Geruch, seinen Geschmack und eine längere Haltbarkeit. Das Rezept ist auf den nächsten Seiten angeführt.

Wie immer und überall hing auch in der Region Koroška die Auswahl und Qualität der Speisen von der gesellschaftlichen Stellung der Familie, dem Lebensumfeld und dem Wissen der Hausfrau ab. Das Kärntner Brot aber blieb dasselbe, sein Geschmack und sein Aussehen sind immer noch wie vor vielen Jahrzehnten.

Es gibt bekannte Sprichwörter: »**Mit dem Bauch dem Brot nach**«, »**Aus diesem Mehl wird kein Brot**«, »**Ein Mädchen ist erst dann reif für die Ehe, wenn es weiß, wie man Roggenbrot backt und guten Heidensterz herstellt**«, »**Wenn dir das Brot auf den Boden fällt, hebe es auf und küss es.**« … All diese Gedanken zeigen die Bedeutung dieses Lebensmittels, und die Menschen der Region Koroška haben das bis heute nicht vergessen.

Brot begleitet uns hier in der Region von der Geburt bis zum Tod, Tag für Tag, weil wir es zu jeder Zeit essen: morgens, mittags und abends, wie kaum ein anderes Lebensmittel.

Quellen bzw. Gesprächspartner:
Majda Horjak, Brigita Rajšter, Janja Kresnik, Darja Kotnik Kuhar, Danica Hudrap, Tina Delalut Smrtnik, Willi Ošina

Koroški ržen kroh

Kärntner Roggenbrot mit leicht säuerlichem Geschmack und ausgeprägter Kruste

ZUTATEN

1.000 g Roggenmehl, vorzugsweise Bio-Roggenvollkornmehl
50–150 g Brotmehl Type 850
3 Teelöffel Salz
ca. ½ l lauwarmes Wasser (je nach Mehlfeuchtigkeit)
50–100 g Sauerteig

Alle Zutaten über Nacht auf Zimmertemperatur bringen.

ANMERKUNG

Nach diesem Rezept gebackenes Brot habe ich immer sehr genossen. Es ist so schmackhaft, dass es keine weitere Beilage braucht.

Das Kärntner Roggenbrot ist nach dem Rezept der Bäuerin **Marija Kompan** (1924–2021) vlg. Kavnik-Micka vom Bauernhof Kavnik in Javorje oberhalb von Črna na Koroškem, zubereitet. Das Rezept wurde von ihrer Tochter **Zlatka** und ihrem Sohn **Drago** aufgezeichnet und zur Verfügung gestellt. Auf dem Hof hat Mutter Marija fast jede Woche Brot im Brotofen gebacken, und zwar vier bis fünf Laibe, die jeder mehr als 3 Kilo wogen. Das Roggenmehl kam vom heimischen Roggen und wurde in der eigenen Mühle mit Wasserradantrieb gemahlen. Der Roggen wurde selbst angebaut (händisch gesät und dann auch händisch geerntet).

ZUBEREITUNG DES SAUERTEIGS

Ca. 50 g Roggenmehl und ebenso viel Wasser in ein Gefäß geben, gut mischen, mit einem Deckel zudecken und 1 Tag stehen lassen. Am nächsten Tag die gleiche Menge Mehl und Wasser dazugeben, gut mischen, zudecken und wieder 24 Stunden stehen lassen. Der Sauerteig müsste in der Zeit sein Volumen verdoppelt haben. Am Gefäß mit einem Gummiband außen markieren, bis zu welcher Höhe der Sauerteig jeweils gekommen ist, um festzustellen, um wie viel er am nächsten Tag angewachsen ist. Den Vorgang ein- bis zweimal wiederholen, damit sich der Inhalt stabilisiert.

Damit ist der Sauerteigansatz fertig. Dieser wird zum Backen verwendet, indem man einige Löffel entnimmt (je nach der Menge des zu backenden Brotes), etwas Mehl und Wasser hinzufügt und den Sauerteig gehen lässt. Sobald der Sauerteig maximal aufgegangen ist, das Mehl hinzufügen und den Teig kneten. Der Sauerteigansatz kann im Kühlschrank bis zu 10 Tage aufbewahrt werden.

Eine zweite Möglichkeit, den Sauerteig aufzubewahren, ist es, dem aufgegangenen Teig ein Stück (ca. 100 g) zu entnehmen und zu trocknen. Es empfiehlt sich, ihn plattzudrücken, dann trocknet er schneller.
An einem kühlen Ort aufbewahren (am besten im Kühlschrank oder in einer trockenen Speisekammer). Wenn der nächste Backtag ansteht, den Sauerteigansatz 2 bis 3 Stunden vorher aus dem Kühlschrank nehmen, zerbröseln und warmstellen, warmes Wasser zugießen und abwarten, bis er zu gehen beginnt. Sobald er aufgegangen ist, zum vorbereiteten Mehl geben und den Teig kneten. Den Vorgang zur Aufbewahrung des Sauerteigs bis zum nächsten Backen wiederholen.

ZUBEREITUNG DES BROTES

Das Mehl sieben, Salz zugeben und trocken mischen. Dann Wasser und Sauerteig zugeben. Kneten, bis alle Zutaten gut durchmischt sind (ca. 8 bis 10 Minuten).

Etwas Mehl über den Teig streuen. Das Gefäß abdecken, der Teig soll ca. 40 Minuten an einem warmen Ort stehen (bis er zur doppelten Menge aufgeht).

Wenn der Teig aufgegangen ist, das Backrohr auf 220 °C vorheizen. Den Gärkorb (ein ovales oder rundes, aus Stroh oder Rattan geflochtenes Gefäß zum Gehen des Teiges) kräftig mit Brotmehl bestreuen und den Teig hineinlegen. Auch die Oberfläche mit Mehl bestreuen und den Teig an den Seiten etwas festdrücken. Den Teig nach ca. 20 Minuten, wenn er aufgegangen bzw. wiederum aufs Doppelte angewachsen ist, auf ein ca. 5 Minuten lang vorgewärmtes Backblech stürzen und ins Rohr schieben.

Bei 220 °C ca. 10 Minuten backen, dann die Temperatur auf 200 °C reduzieren und weitere 50 Minuten backen. Am besten ohne Umluft backen, ansonsten eine Schale mit Wasser auf den Rohrboden stellen, damit das Brot nicht zu sehr austrocknet. Es empfiehlt sich überhaupt, ein Gefäß mit Wasser auf den Boden des Backrohrs zu stellen.

Nach dem Herausnehmen aus dem Backrohr das Brot vom überschüssigen Mehl befreien und in ein mehrschichtiges, leicht angefeuchtetes Tuch schlagen. Auf einem Gitter auskühlen lassen, ohne direkten Kontakt mit der Ablage. Wenn das Brot ausgekühlt ist, in ein Leinentuch gewickelt in einem Brotkasten aufbewahren. Es schmeckt erst am nächsten Tag gut, hält sich aber eine ganze Woche.

JAVORJE

In den Bergen Koroškas
das schöne Dorf Javorje liegt.
Dort ist die Schule von Črna,
so hoch wie der Steinadler fliegt.

Auf den Bergen leuchten im Schnee
die Berghöfe in der Sonne.
Der Schwalben holde Wiederkehr,
die sehen wir im Lenz mit Wonne.

Steil sind unsere Hänge,
flach nur die Straße im Ort.
vergangen die alten Sitten,
die Ochsengespanne sind fort.

Unser stolzer König Smrekovec
ragt hoch auf über uns und wacht.
Er bietet uns friedlichen Schutz
in eisiger Winternacht.

Autorin: **Marija Kompan**
Übersetzung: Miran Leydold

Trenten: Ein kleiner flacher, runder Roggenteig-Fladen

Kärnten hat auch seine eigene Pizza: Die *trenta* ist ein flacher, handgeformter Teig mit einem bescheidenen Belag mit dem, was eben gerade zur Hand ist. Pizzas werden von Köchen angereichert mit allem Erdenklichen, aber trenta blieb *trenta*, das heißt bescheiden und fast vergessen. Die Erzählung der Libeličerin Erika Plešivčnik lässt ihr Andenken wieder aufleben:

»Beim Roggenbrotbacken hat man auch immer Trenten gebacken. Die in der Knetmulde verbleibenden Teigreste wurden herausgekratzt und auf einer Brotschaufel niedergestampft, flachgetreten. Deshalb heißt es auch Trenten. Man gab dann drauf, was man gerade zur Verfügung hatte: Sauerrahm, etwas Kümmel und Salz, mit einem Löffel eingedrückt. Die schwarze Trenten heißt so, weil sie vom Schwarzbrotteig stammt.

Aber für bessere Zeiten backte man die weiße Trenten. Beim Backen von Reindling zweigte man etwas Teig ab, legte ihn auf die Brotschaufel und verteilte darauf eine Mischung aus Sauerrahm, Zucker und zerstoßener Färberdistel (falscher Safran).

Jetzt backt man die Trenten auch mit Grammeln. Sie werden erhitzt, in ein Sieb gelegt, damit das Fett abtropft, und dann auf den Teig gedrückt und etwas Schnittlauch drauf.

In Libeliče war die Trenten fast vergessen. Aber vor zwanzig Jahren hatten die Mitglieder des Bauernverbands einen Studienkreis über das Essen in Libeliče organisiert und wir haben die Älteren gefragt, wie sie früher gebacken haben. In den Workshops haben wir solche Gerichte wie die Trenten zubereitet. Ich wünschte, wir hätten schon früher solche Pizzen gemacht. Die Trenten war ein wahrer Genuss beim Brotbacken, besonders, weil sie schnell fertig und sofort zu essen war. Brot dagegen durfte am ersten Tag nicht gegessen werden, damit einem nicht schlecht wurde. Das war aber wahrscheinlich nur eine Ausrede, damit niemand zu gierig über das frische Brot herfiel ...

Ich backe oft trenta. Ich mache das gerne, weil man nichts falsch machen kann. Es ist einfach nur *trenta*. Und es ist einfach gut.«

ANMERKUNG

Dieses Rezept wurde mir im Dialekt überliefert von der lieben Frau **Erika Plešivčnik**, genannt Buč-Erika, einer Ikone der kulinarischen Landkarte von Libeliče (Leifling). Der Buč-Hof befindet sich im Zentrum von Libeliče, einem rebellischen Dorf, das 1922 nach der Kärntner Volksabstimmung (1920) die Rückkehr in sein Mutterland erreichte. Es ist auch für seine hervorragende hausgemachte Buč-Pastete auf Libeliče-Art bekannt, einer meiner bevorzugten Leckerbissen.

Koroški srčki z žouco

Herzen aus Kärntner Roggenbrot mit Sulz, Zwiebeln, Holzapfelessig und Kürbiskernöl

ZUTATEN

Kärntner Roggenbrot, in dünne Scheiben geschnitten
Sulz (Sülze), in Stücken, max. 3 × 3 cm
Butter, weich
rote Zwiebel, in dünne Scheiben geschnitten
Kürbiskernöl
Holzapfelessig
wenn gewünscht etwas Salz, sehr wenig Pfeffer
Keksausstecher in Herzform

Zum Garnieren
pro Herz ein Blatt des typischen Kärntner *povojček**
(Gundelrebe, Gundermann) oder auch Schnittlauchröhrchen
Papierunterlagen

ANMERKUNG
Dieses Gericht stammt von mir, **Doroteja Omahen**. Die Kärntner schätzen seit jeher Roggenbrot mit Sauerteig, also ohne Germ gebacken. Und das Herz drückt Liebe aus. Beides habe ich gleich zu Beginn meiner Koroška-Kulinarik-Reise miteinander verbunden und empfinde diese Brotherzen als Markenzeichen der Region Koroška. Ich variiere sie immer mit verschiedenen typischen Belägen oder Aufstrichen, wie zum Beispiel dem Kärntner Topfen mit roten Zwiebeln und Kürbiskernöl (s. Seite 117). Diese Herzen zeigen meine starke Verbundenheit mit der Region und auch meine Liebe zum Kochen nach den alten Rezepten unserer Mütter und Großmütter.

ZUBEREITUNG

Herzen aus den Brotscheiben ausstechen, maximal 6 × 6 cm groß, die Herzen dürfen nicht austrocknen! Sehr dünn mit Butter bestreichen und mit einem Stück Sulz belegen, kleiner als der Brotboden, damit die Herzform gut zu sehen bleibt. Mit einer dünnen Zwiebelscheibe garnieren, etwas Salz und Pfeffer hinzufügen, mit Kürbiskernöl und Holzapfelessig beträufeln. Mit Gundelrebe oder Schnittlauchröhrchen garnieren und auf kleinen Papierunterlagen auf einem Tablett servieren.

TIPP
Angerichtete Brotherzen können Gästen als Willkommensgruß angeboten werden. Ich selbst serviere sie mit einem kleinen *črničovc* (Schwarzbeerschnaps) oder anderen einheimischen Bränden. *Črničovc* ist als Kärntner kulinarische Spezialität auf Seite 27 noch genauer beschrieben.

* Kärntnerslowenisch: *Povojček*. Lateinisch: *Glechoma hederacea*. Deutsch: Gundelrebe oder Gundermannkraut. Es ist ein Kraut, das bereits vor mindestens 100 Jahren von den Hausfrauen in Kärnten verwendet wurde. Es wird auf Seite 85 ebenfalls als kulinarische Spezialität der Region beschrieben.

Ajdou/édou kroh

Einfaches Heidenbrot

ZUTATEN

500 g weißes Weizenmehl
500 g Heidenmehl (Buchweizenmehl)
1 l lauwarmes Wasser oder nach Bedarf
4 Esslöffel Öl
40 g frische Germ
2 Teelöffel Zucker
4 Teelöffel Salz

ANMERKUNG

Meine Mutter, **Marija Kreuh Turnšek** (geboren 1916), auch **Hvalij-Marica** genannt, backte gelegentlich solches Brot in Erinnerung an ihre Mutter Mica, die es sehr liebte. Wegen eines unehelichen Kindes heiratete Mica einen Witwer auf dem Španar-Hof unter dem Berg Brinjeva gora. Angeblich haben Hausfrauen solche Brote gern gebacken, um aus Heiden nicht immer nur Sterz zu kochen.

Wie wichtig es ist, das Brot nicht zu lange zu backen, zeigt die Tatsache, dass mein Bruder Zimi und ich uns noch in unseren reifen Jahren daran erinnern, wie großartig es zwar immer geschmeckt hat, aber manchmal war es zu krümelig oder zu körnig in der Textur. Gut gebackenes Brot muss hohl klingen, wenn man auf seinen Boden klopft.

Bei den Nachbarn, zwei älteren Rentnern, hat mir Frau Ana manchmal eine dünne Schicht Butter auf mein Heidenbrot gestrichen. Was war das für ein Vergnügen! Ich erinnere mich, dass sie die Butter in Wasser ufbewahrte, in einer Porzellanschüssel im kältesten Teil des Kellers, da es keine Kühlschränke gab.

Heidenbrot ist leicht verdaulich und reichhaltig an Proteinen. Es ist bekannt, dass Heiden kein Gluten enthält, sein Mehl bindet schlecht, deshalb wird es mit anderen Mehlen gemischt. Heidengerichte haben sich mittlerweile als Gourmet-Spezialität etabliert, doch früher standen sie nur auf dem Speiseplan von ärmeren Schichten.

ZUBEREITUNG

Zuerst das Dampfl (Hefeansatz) zubereiten: Germ zerbröckeln und mit 200 ml Wasser, Zucker und 2 Teelöffeln Weizenmehl vermischen. An einem warmen Ort gehen lassen.

600 ml Wasser aufkochen und damit das Heidenmehl überbrühen, durchmischen, lauwarm abkühlen lassen und das Weizenmehl hinzugeben. Salz und nach und nach Öl und das Dampfl hinzufügen. Gegebenenfalls das restliche lauwarme Wasser hinzugeben. Den Teig auf eine bemehlte Fläche legen und gut durchkneten. Er sollte nicht trocken und hart sein. In zwei Teile teilen und in bemehlten Behältern, die mit Stoffservietten bedeckt sind, aufgehen lassen, bis sich die Menge verdoppelt hat.

Den Teig noch einmal ein wenig kneten und zwei Laibe formen. In leicht gefettete und bemehlte Backformen oder auf Backpapier legen und nochmals ca. 1 Stunde gehen lassen. Jetzt mit einem Messer ein Kreuz in den Laib schneiden, 15 Minuten bei 230 °C backen und dann bei 170 °C für weitere 30 Minuten. Das Brot so kurz wie möglich backen, um es saftig zu halten. Konsequent den »Test mit der Stricknadel« oder einem längeren Holzstäbchen nutzen.

Klóčav/klóčov kroh

Kletzenbrot: Das Früchtebrot der Kärntner Hausfrau Marica

ZUTATEN

Teig
500 g Weizenmehl
250 g Roggenmehl
300 ml lauwarmes Wasser
20 g frische Germ
1 gehäufter Esslöffel Zucker
½ Teelöffel Meersalz

Füllung
200 g Walnusskerne
200 g Kletzen (Dörrbirnen, getrocknete Birnen)
200 g Dörrzwetschken, entkernt
50 g ungeschälte Dörrapfelscheiben
150 g Rosinen, heiß gewaschen und getrocknet
120 g Zucker
200 ml Rum
1 Teelöffel Zimtpulver

ANMERKUNG

In meiner Kindheit nannten wir dieses Gebäck *klocenbrot*. Meine Mutter **Marija Kreuh Turnšek** bereitete es immer gegen Ende des Jahres aus lokalen Zutaten zu. Haselnüsse, getrocknete Aprikosen und Feigen gab es damals (nach dem Zweiten Weltkrieg) nicht. Natürlich habe ich diese zusätzlichen Zutaten später in ähnlichen internationalen und modernen Rezepten verwendet und dabei an das Kärntner *klocenbrot* gedacht. Dieses Gebäck ist, wenn es gut verschlossen gelagert wird, lange haltbar. Aber bei uns hat es nie lange gehalten, wir haben es sehr schnell weggegessen.

ZUBEREITUNG

Für die Füllung die getrockneten Birnen in Wasser kochen, bis sie weich werden. Abkühlen lassen. Birnen, Zwetschken und Äpfel in Stücke schneiden, Rosinen, Rum, Zucker und Zimt zugeben, mischen und die Früchte ziehen lassen. Die Hälfte der Walnüsse grob hacken.

Für den Teig beide Mehle in eine Rührschüssel sieben. Mehl am Rand der Schüssel verteilen und Wasser in die Mitte gießen und zerkleinerte frische Germ zufügen. Eine Viertelstunde warten und dann zu einem glatten Teig kneten. Zugedeckt in einer bemehlten Schüssel mindestens 1 Stunde gehen lassen.

Den Teig auf einer leicht bemehlten Fläche ausrollen, mit Früchten (ggf. abgetropft) bestreuen und alle Walnüsse dazugeben und gut durchkneten. Nach Belieben zu Laiben formen und auf ein bemehltes Backblech legen oder in ein längliches, höheres Backblech füllen; beides am besten mit Backpapier abdecken. Mindestens 1 Stunde ruhen lassen.

Das Früchtebrot im auf 180 °C vorgeheizten Backofen ca. 1 Stunde backen oder so lange, bis es durchgebacken ist. Vollständig abkühlen lassen und dann in ca. 1½ cm dicke Scheiben schneiden. Darauf achten, dass sie nicht austrocknen.

Pogača, šarkl in drugo ta svátko

KUCHEN, REINDLING UND ANDERES SÜSSES

Bockshörndel-Walnuss-Reindling
Reindling mit Kletzenfüllung
Chaudeau, Kärntner Weinschaumgetränk
Die Schneebälle meiner Mutter: In Milch gekochte, geschlagene Eiweißnockerln mit Vanillecreme
Schmarren mit Schnee und Preiselbeerkompott
Heidentorte mit Preiselbeeren und Zwetschkensoße
Kompott aus Dörrobst
Gefüllte Bratäpfel nach Koroška-Art mit Milch und Honig
Kekse aus eingerolltem Buttergermteig, gefüllt mit Eischnee

EINE KULINARISCHE SPEZIALITÄT DER REGION KOROŠKA

Črničov šnops/črničovc

Schwarzbeerschnaps

In Kärnten werden Schwarzbeeren (Heidelbeeren, Blaubeeren) *črnice* genannt, daher der Name dieses kostbaren Getränks. Schwarzbeerschnaps hat ein sehr spezifisches, fruchtiges Aroma. Er eignet sich als Aperitif oder nach dem Mittagessen als Digestif oder eben einfach so.

Der Brand wird durch Destillieren von Schwarzbeeren hergestellt. Für einen Liter Schnaps benötigt man mehr als 20 Kilogramm der Früchte, weshalb sie meist mit *kamplne* oder *riflne* geerntet wurden, spezielle Beerenrechen unterschiedlichster Formen.

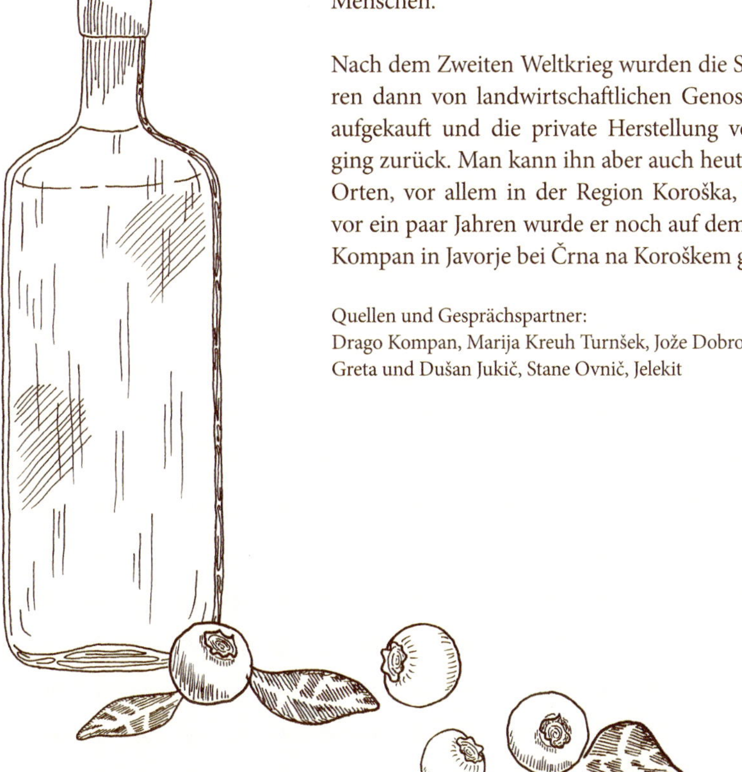

Die Schwarzbeeren werden in einem Zuber eingeweicht und jeden zweiten Tag umgerührt, damit sie möglichst schonend gären. Wenn am Rand der Maische eine klare Flüssigkeit erscheint, ist das ein Zeichen dafür, dass die Flüssigkeit gebrannt werden kann. Diesen Zeitpunkt zu erkennen, ist eine schwierige Aufgabe ist, da Schwarzbeermaische gerne heftig blubbert.

Vor dem Zweiten Weltkrieg wurde *črničov šnops* in größeren Mengen hergestellt und war sehr begehrt, aber teuer. Er wurde als Medizin konsumiert oder den Gästen bei Zeremonien serviert. Er war eine willkommene Einkommensquelle für viele junge und auch ältere Menschen.

Nach dem Zweiten Weltkrieg wurden die Schwarzbeeren dann von landwirtschaftlichen Genossenschaften aufgekauft und die private Herstellung von Schnaps ging zurück. Man kann ihn aber auch heute in einigen Orten, vor allem in der Region Koroška, kaufen. Bis vor ein paar Jahren wurde er noch auf dem Bauernhof Kompan in Javorje bei Črna na Koroškem gebrannt.

Quellen und Gesprächspartner:
Drago Kompan, Marija Kreuh Turnšek, Jože Dobrodel, Greta und Dušan Jukič, Stane Ovnič, Jelekit

Rožičov in orehov šarkl

Bockshörndel-Walnuss-Reindling

ZUTATEN

Teig
750 g leicht erwärmtes Weizenmehl
2 Eier
100 g Zucker
30 g frische Germ
lauwarme Milch nach Bedarf

Füllung 1
300 g gemahlene Walnüsse
100 g Rosinen
150 g Zucker
2 Esslöffel Rum
Vanillezucker
kochende Milch nach Bedarf

Füllung 2
300 g Bockshörndelmehl (Johannisbrotmehl)
100 g Rosinen
150 g Zucker
2 Esslöffel Rum
gemahlener Zimt
kochende Milch nach Bedarf

Butter für die Form
Semmelbrösel für die Form

ZUBEREITUNG

Die Germ in einem Topf zerkleinern, etwas lauwarmes Wasser und 2 Teelöffel Zucker hinzugeben, an einem warmen Ort gehen lassen. Anschließend zusammen mit den anderen Zutaten einen weichen Teig kneten, mit einem Küchentuch abdecken und weiter aufgehen lassen.

Walnüsse mit gekochter Milch überbrühen und die restlichen Zutaten für die Füllung 1 beigeben. Auf die gleiche Weise bereiten wir auch die Füllung 2 zu. Die Backform großzügig mit Butter einfetten. Mit Semmelbröseln bestreuen.

Den Teig fingerdick ausrollen und die Füllungen darauf gleichmäßig verteilen, jeweils auf eine Hälfte. Dann den Kuchen fest aufrollen und in die vorbereitete Backform geben. Bei höherer Raumtemperatur (keine Zugluft) aufgehen lassen. Dann die Form in den vorgeheizten Ofen stellen und den Reindling bei 180 °C ca. 1 Stunde backen.

ANMERKUNG

Solch ein Reindling wurde nur an großen Feiertagen gebacken. Normalerweise bereitete man den Reindling nur mit einer Rosinenfüllung zu.

Kärntner Hausfrauen haben Süßspeisen im Allgemeinen aber nicht gebacken, sondern gekocht, das Kapitel »Mehlgerichte« stellt noch einige dieser süßen Kostproben vor.

Das Rezept aus dem Meža-Tal hat mir **Anže Habjan** zur Verfügung gestellt, er ist Student der Mittelschule für Gastgewerbe und Tourismus in Ljubljana.

Kvóčava/kvóčova pogača

Reindling mit Kletzenfüllung

ZUTATEN

Teig
1.100 g Weizenmehl Type 400 (nach Bedarf mehr)
8 mittelgroße Eier
125 g Butter
2 Esslöffel Sonnenblumenöl
etwa 200 g weißer Kristallzucker
2 Päckchen Vanillezucker
80 g frische Germ
3 Esslöffel Rum
geriebene Schale einer kleineren Zitrone (Bio)
100 ml lauwarmes Wasser
Salz

Füllung
700 g gemahlene Kletzen
200 g gemahlene Mandeln
80 g Butter
2 gehäufte Esslöffel Semmelbrösel
5 Esslöffel Staubzucker
2 Eier und 1 Eiweiß
200 ml lauwarme Milch
Rahm (süße Sahne) nach Bedarf

weiche Butter für die Backform und zum Bestreichen des gebackenen, noch heißen Reindlings

ANMERKUNG

Das Wissen über diese Art von Reindling wurde mir von meiner Mutter weitergegeben, der Hausherrin vom Hvalij-Hof bei Prevalje. Die Füllung war ein Ausweg, wenn die Walnüsse nicht gediehen oder ausgegangen waren. Aber für mich war die Kletzenfüllung schon immer besser als die klassische Walnussfüllung.

ZUBEREITUNG

Alle Zutaten sollten mindestens auf Zimmertemperatur erwärmt werden.

Die Germ in einem Topf zerdrücken, etwas lauwarmes Wasser und 2 Teelöffel Zucker hinzugeben. An einem warmen Ort aufgehen lassen.

Für den Teig die Eier trennen, das Eigelb mit 4 Esslöffeln Zucker und Vanillezucker verquirlen. Aus dem Eiweiß und einem Löffel Zucker einen steifen Schnee schlagen. 2 Esslöffel davon für die Füllung im Kühlschrank aufbewahren. Die Butter mit 2 Esslöffeln Zucker schaumig schlagen und dabei langsam das Sonnenblumenöl hinzugeben. Das Mehl in eine Knetschüssel sieben, um es mit Luft zu vermischen. Die restlichen vorbereiteten Zutaten dazugeben und verrühren. Der Teig soll feucht sein, aber nicht nass, und sich seidig anfühlen.

Für die Füllung Kletzen und Mandeln mit der warmen Milch übergießen und mit den restlichen Zutaten vermengen. Den kühl gestellten Eischnee unterheben.

Die Backform großzügig mit Butter einfetten und Semmelbrösel in die Form streuen. Den Teig fingerdick ausrollen und die Füllung darauf gleichmäßig verteilen. Dann den Kuchen fest aufrollen und in die vorbereitete Backform geben. Bei höherer Raumtemperatur (keine Zugluft) aufgehen lassen. Danach die Form in den vorgeheizten Ofen stellen und den Reindling bei 180 °C ca. 1 Stunde backen.

Koroški šato

Chaudeau, Kärntner Weinschaumgetränk

ZUTATEN (für 3 Personen, kleinere Portionen)

Eigelb und Eiweiß von 2 Eiern
2 gehäufte Esslöffel Zucker
200 ml ausgezeichneter Kärntner Apfelmost, also Apfelwein, ansonsten ein guter Weißwein
Blütenblätter zum Dekorieren

ZUBEREITUNG

Das Eiweiß mit einem Esslöffel Zucker zu steifem Schnee schlagen.

Das Eigelb mit einem Esslöffel Zucker in einem kleinen Gefäß schaumig schlagen. Langsam den Most dazugeben.

Dann das Gefäß auf einen etwas größeres mit heißem (aber nicht kochendem!) Wasser stellen und die Masse mit dem Schneebesen zu einem glatten Schaum rühren. Aus dem heißen Wasserbad nehmen und sofort vorsichtig den steif geschlagenen Eischnee unterrühren.

Mit essbaren Blütenblättern verzieren. Warm genießen.

Erinnern wir uns, als Kinder haben wir diese Creme – natürlich ohne Alkohol – immer nur dann bekommen, wenn wir verkühlt waren.

ANMERKUNG
Dieses Getränk hat nach einem alten Rezept die Köchin und Hausfrau **Matilda Prevalnik** (geboren 1900) vom Čuješ-Hof aus Stražišče bei Prevalje zubereitet. Das Rezept wurde mir von **Simon Rožej** überliefert.

Snežne kepce moje mame

Die Schneebälle meiner Mutter: In Milch gekochte, geschlagene Eiweißnockerln mit Vanillecreme

ZUTATEN (für 6–8 Personen)

4 Eiweiß
1 l Milch
2 gehäufte Esslöffel Zucker
1 Esslöffel Zitronensaft

Vanillecreme
4 Eigelb
3 Esslöffel Zucker
100 ml Milch
2 Esslöffel Rum
2 Päckchen Vanillezucker

ANMERKUNG
Meine Freundin **Evita Leskovšek** bereitet die Schneebälle nach dem Rezeptbuch ihrer Mutter mit polnisch-deutscher Herkunft zu. Bei ihr wurde oft nach solchen, uns nicht so bekannten Rezepten gekocht. Die Familie übernahm aber auch gerne gute und erprobte Rezepte aus der nahen Steiermark und aus Kärnten.

Mutter Eva gab ihrer Tochter Evita die Liebe zur Küche und zum Kochen weiter, und ganz besonders die Kunst des Tischdeckens und das Entwickeln einer wundervollen Atmosphäre beim geselligen Beisammensein mit köstlich zubereiteten Speisen.

ZUBEREITUNG

Eiweiß zu steifem Schnee schlagen. Dabei nach und nach den Zucker einrieseln lassen und schließlich den Zitronensaft dazugeben.

Milch in einem Kochtopf erhitzen. Mit einem Teelöffel Nockerln aus dem Eischnee formen und in die heiße, aber nicht kochende Milch einlegen. Wenn die Klößchen nach etwa 20 Sekunden aufgegangen sind, mit zwei Teelöffeln vorsichtig umdrehen und auf der anderen Seite weiter garen. Wenn sie fertig sind, aus der Milch nehmen und in gläserne Dessertschalen verteilen.

Vanillezucker für die Creme in die übriggebliebene heiße Milch geben. Eigelbe in einer Schüssel mit Zucker schaumig schlagen und die 100 ml frische Milch hinzufügen. Die Mischung in die heiße Milch gießen und unter Rühren weiter erhitzen, bis die Soße einzudicken beginnt. Sie darf aber dabei nicht kochen, sonst gerinnt das Eigelb. Den Rum in die Soße geben, solange sie noch warm ist. Das verleiht der Creme einen besonders guten Geschmack. Die Creme verdickt sich endgültig erst beim Abkühlen.

Im letzten Akt die kalte Soße über und um die Schneebälle verteilen, eine Weile in den Kühlschrank stellen und dann servieren. Sie werden von der Frische und Leichtigkeit dieses Desserts begeistert sein, aber vor allem von der nostalgischen Atmosphäre, die es verbreitet: genießen wie schon unsere Vorfahren.

Ta răhu šmorn z natĕkom

Schmarren mit Schnee und Preiselbeerkompott

ZUTATEN (für 4 Personen)

4 Eier, Eigelb und Eiweiß getrennt
150 g Mehl
ein wenig Backpulver und Salz
2 Esslöffel Zucker
500 ml Milch mit Rahm

2 Esslöffel Butter oder Schmalz für die Form
in Rum getränkte Rosinen
Staubzucker (Puderzucker)
Preiselbeerkompott mit auf die Hälfte reduzierter Flüssigkeit

ZUBEREITUNG

Eine Backform großzügig ausbuttern und stark vorwärmen.

Die Eiweiße zu steifem Schnee schlagen.

Die Eigelbe, Mehl, Backpulver, Salz und Zucker mit der Hälfte der Milch zu einem Teig verrühren. Die restliche Milch unterrühren, dann vorsichtig, am besten händisch, den steifen Eischnee unterheben und die Masse in die Backform gießen. Falls gewünscht, noch mit Rosinen bestreuen.

Bei 200 °C goldgelb backen, bis der Schmarren aufgeht, dann mit einer Gabel in Stücke reißen, unter gelegentlichem Umrühren etwas nachrösten.

Den warmen Schmarren mit Staubzucker bestreuen, das Preiselbeerkompott dazugeben und so schnell wie möglich servieren.

Der Schmarren kann auch ohne Zucker und Rosinen zubereitet und mit Kopfsalat als Mahlzeit serviert werden.

ANMERKUNG
Aufgeschrieben nach einem alten Rezept der Hausfrau **Franja Štern Ladinik**, geboren im Jahr 1920 in Mežica. Das Rezept wurde mir von ihrer Tochter **Daniela Ladinik Čehovin** weitergegeben.

Die Kärntner nennen noch heute Preiselbeeren *prajzlper*, manche auch *naték*.

Ždava torta s prájžlperom in čéšplnovim zósom

Heidentorte mit Preiselbeeren und Zwetschkensoße

ZUTATEN

300 g Butter
300 g Kristallzucker
Zitronenschale (Bio), gerieben
6 Eier
260 g Heidenmehl
½ Päckchen Backpulver
1–1½ Tassen Preiselbeermarmelade
Butter zum Bestreichen der Backform

Glasur
250 g dunkle Schokolade, in Stücke gebrochen
50 g Sonnenblumenöl

Soße
200 g Dörrzwetschken, entkernt
Wasser
15–20 g Mehl
40 g Fett (z. B. Öl oder Butter)
½–1 Esslöffel Zucker, besser, Blütenhonig
Vanillezucker, je eine Prise Zimt und Nelken
Qualitätsmost (Apfelwein) oder Weißwein

ANMERKUNG
Das Rezept der hervorragenden Kärntner Hausfrau und wunderbaren Köchin **Ančka Kumer** wurde mir von meiner Freundin **Greta Jukič** aus Prevalje zur Verfügung gestellt. Sie hat viel zur Entstehung dieses Buches beigetragen.

ZUBEREITUNG

Für die Torte Butter verrühren, langsam den Zucker zugeben, bis sie aufgeht, dann die Zitronenschale. Eigelbe hinzufügen und verquirlen. Mehl mit Backpulver mischen und vorsichtig händisch unterrühren. Eiweiße zu steifem Schnee schlagen und unter leichtem Rühren zugeben. Den Boden der Tortenform einfetten und den Teig einfüllen. Bei 180 °C 1 Stunde backen. Den Kuchen waagrecht durchschneiden, eine Hälfte großzügig mit Preiselbeermarmelade bestreichen, die andere Hälfte wieder aufsetzen.

Schokolade und Öl in einen kleinen Topf geben und über dem Dampf eines größeren Gefäßes vorsichtig und möglichst kurz erhitzen und umrühren. Die Glasur über die Torte gießen und in den Kühlschrank stellen, damit sie fest wird.

Für die Soße die Zwetschken in Wasser kochen, bis sie weich sind, abgießen (einen Teil des Wassers auffangen) und fein hacken (Sie können auch einen Stabmixer verwenden). Aus Mehl und Fett eine helle Einbrenn (Mehlschwitze) zubereiten, dabei unter Rühren die restliche Flüssigkeit und die pürierten Zwetschken hinzufügen, zu einer dicken Soße verarbeiten. Mit Apfelmost verdünnen, Zucker und Gewürze hinzufügen. Der Geschmack sollte frisch und leicht säuerlich sein. Tortenstücke mit ein wenig Soße servieren. Den Rest der Soße für Genießer, die mehr wollen, auf den Tisch stellen.

Kompot iz kvóc, suhih japk pa čéšplnov

Kompott aus Dörrobst

ZUTATEN

Dörrzwetschken mit Stein
Kletzen, entkernt in lange, dünne Scheiben geschnitten
getrocknete Äpfel, in Scheiben und teilweise in kleine Stücke geschnitten
eine kleine Zimtstange
200 ml Wasser pro Person
Schale einer halben Zitrone und ihr Saft (Bio)
Blütenhonig nach Geschmack

ZUBEREITUNG

Das gewaschene und geschnittene Obst in Wasser einweichen, Zimt hinzufügen und bei niedriger Temperatur kochen, bis es weich ist. Gegen Ende des Kochens die Zitronenschale hinzugeben.

Etwas abkühlen lassen und Honig und Zitronensaft hinzufügen. Gut kühlen, in Glasbehältern servieren, damit die Früchte sichtbar sind.

ANMERKUNG
Meine Mutter hat so ein Kompott zubereitet.

Das Gericht ist leicht und gesund.

Meine Mutter erbte das Anwesen von ihrer Großmutter **Marija Prikeržnik**, einer entschlossenen und fähigen *Korošica*, bei der sie als uneheliches Kind lebte. Sie gönnten sich viele Leckereien (türkischer Kaffee jeden Morgen, eine Zeitung …), ungewöhnlich für ein bäuerliches Leben. Und sie hatten auch Kontakt zu den gebildeten Leuten aus dem Tal.

Pêčene jápke po koroško

Gefüllte Bratäpfel nach Koroška-Art mit Milch und Honig

ZUTATEN (für 10 Personen)

10 mittelgroße frische Äpfel (süßsauer, Topaz sind am besten)
500 ml Vollmilch (oder mehr)
250–300 g eingeweichte, kurz gekochte getrocknete Birnen, grob gehackt
mindestens 10 Viertel getrockneter Birnen zum Garnieren
100 g entkernte getrocknete Zwetschken
100 ml Sauerrahm (saure Sahne)
2 Esslöffel Butter
3 große Löffel Blütenhonig

ZUBEREITUNG

Vorsichtig die Äpfel von Kerngehäusen und Blütenresten befreien, dabei nicht ihren Boden durchbohren, und in eine mit Butter gefettete Bratenpfanne oder Backform geben.

Die Äpfel mit den grob gehackten Birnen füllen, die Birnenviertel und auch die Zwetschken in die Backform zwischen die Äpfel legen. Milch darüber gießen, besonders über die Mitte der Äpfel.

Auf jeden Apfel einen Teelöffel Sauerrahm und einen halben Teelöffel Butter geben. Ich gebe auch noch einen Teelöffel rote Marmelade dazu. Den Honig gleichmäßig über die Äpfel und die Milch verteilen. Bei 180 bis 200 °C backen.

Die Äpfel noch lauwarm servieren. Die entstandene Soße darüber gießen und mit den Birnenvierteln und Zwetschken anrichten.

ANMERKUNG
Die Autorin dieses Rezepts ist ebenfalls meine Mutter.

Zu den sehr alten Gerichten gehören viele Milchspeisen. Milch, Sauerrahm und Butter wurden häufig für die Zubereitung von Mehlgerichten, Suppen und Beilagen verwendet.

Wir hatten Milch auf dem Hof, aber wir stellten Butter zum Verkauf her, daher war nicht immer genug Milch für uns verfügbar. Deshalb hat meine Mutter immer von der Molke geschwärmt, weil sie so reichhaltig und schmackhaft ist. Damals war ich nicht sehr beeindruckt, aber heute mag ich sie sehr und genieße sie oft.

Koroške sneške

Kekse aus eingerolltem Buttergermteig, gefüllt mit Eischnee

ZUTATEN

Dampfl (Hefeansatz)
¼ Tasse lauwarmes Wasser
20 g frische Germ
1 Teelöffel Zucker

Teig
300 g Mehl
200 g Butter
2 Eigelb
30–50 g Kristallzucker
Salz

Belag
2 Eiweiß
200 g Kristallzucker

ANMERKUNG

Sneške. So nannten meine Urgroßmutter **Marija Prikeržnik**, die Hausherrin des Gehöfts Hvalij in Stražišče bei Prevalje, und auch meine Mutter diese Kekse. Ich kannte das Rezept nicht, ich hatte nur eine starke Erinnerung aus meiner Kindheit. Zu meiner großen Freude und Überraschung erhielt ich es 2007 von der Mutter einer guten Freundin, Frau **Irit Ravid** aus Israel, die damals in Ljubljana lebte. Es wird vermutet, dass es mit dem Bau der Eisenbahn oder der örtlichen Eisenwerke durch die Einwanderung von ausländischem Mittelstand nach Kärnten kam.

Dank seiner einfachen Zubereitung und den einfachen Zutaten sowie seinem besonders milden Geschmack ist dieses Rezept offensichtlich auf unserem Bauernhof »hängengeblieben«.

ZUBEREITUNG

Zutaten für das Dampfl in einem hohen Gefäß verrühren und gehen lassen.

Butter, Eigelb, Zucker und Salz gut verquirlen und das Mehl hinzufügen. Zusammen mit dem Hefeansatz zu einem Teig rühren und diesen in 6 bis 8 längliche Stücke teilen. Mit Frischhaltefolie abdecken und für 1 Stunde in den Kühlschrank stellen. Die Teigstücke dann auf einem bemehlten Tuch zu schmalen, gleichmäßig dünnen, länglichen Teigflecken ausrollen. Je schmaler sie sind, desto kleiner und zierlicher werden die *sneške* sein.

Für den Belag die Eiweiße schlagen, Kristallzucker nach und nach zugeben, bis ein fester Schaum entsteht. Diesen auf den Teigflecken verteilen. Vorsichtig der Länge nach aufrollen (darauf achten, dass vor allem die erste Rolle rund und mit Eischnee gefüllt ist).

Die Teigrollen auf ein Brett legen und mit einem scharfen Messer in 1 bis 1½ cm breite Scheiben schneiden. Im vorgeheizten Backofen auf Backpapier bei 180 °C backen. Gegen Ende des Backens muss man gut darauf achten, dass der Schnee nicht hellbraun wird (was sehr schnell passiert), aber gleichzeitig auch darauf, dass der Teig durchgebacken wird.

Die *sneške* sofort nach dem Abkühlen in luftdicht verschließbare Behälter geben. Sie können die Schneekekse auch für später einfrieren.

BREIN

Heidenbrein mit Steinpilzen nach Viher-Art
Hirsebrein
Herzhafter Heidenbrein, Kindern aufgetischt

Ajda

Heiden (Buchweizen)

Heiden gedeiht fast überall auf der Welt, aber im Laufe der Jahrhunderte hat er sich in der Seele der *Korošci* festgesetzt, wie das berühmte Volkslied zum Thema bestätigt: »**In Kärnten, in Krain reift schon der Heiden, ein Mädchen erntet ihn, der Kopf tut ihr weh …**«

Heiden wurde im 12. Jahrhundert über die Seidenstraße aus dem Himalayagebiet gebracht und bei uns erstmals 1426 im Urbar von Gornji Grad schriftlich erwähnt. Heidengerichte finden sich bereits im ersten gedruckten slowenischen Kochbuch, in Valentin Vodniks »*Kuharske Bukve*« aus dem Jahr 1799. 1815, nach dem Ausbruch des Vulkans Tambora in Indonesien, besorgte Sigmund Žiga Zois den Slowenen wegen des kalten Sommers und der darauffolgenden schweren Hungersnot Tatarischen Buchweizen aus Böhmen, der auch als *cojzla* bekannt und weniger kälteempfindlich ist.

Heiden gehört zu den Knöterichgewächsen, sein Korn wird in der Küche jedoch wie Getreide verwendet und ist glutenfrei. Historisch gesehen war Heiden ein wichtiges Lebensmittel und galt als Nahrung der Bauern und der Armen, aber nach Johann Weichard von Valvasor können wir annehmen, dass Heiden schon im 17. Jahrhundert auch den Weg auf die bürgerlichen Tische gefunden hat.

Unsere Vorfahren verwendeten Heiden zur Zubereitung von Gerichten wie *močnik*, Brein, Sterz, Brot, *štruklji*, *krapci* und Breinwürsten. Die älteste Art der Zubereitung von Heidensterz stammt aus Kärnten: Das Mehl wird unter Rühren vorsichtig geröstet (gelunden), bis es duftet, es darf aber nicht gelb werden. Kochendes Salzwasser und erhitztes Schweineschmalz werden zum gerösteten Mehl gegeben und zu einem lockeren Heidensterz nach Kärntner Art gerührt.

Auch Heidennudeln haben eine Tradition in Kärnten, wohl die einzige dieser Art in Slowenien. Im Dorf Belšak in der Nähe von Šentanel wurden 1985 noch Heidennudeln zubereitet und zur Suppe mit Strankerln (grüne Bohnen) serviert.

In der slowenischen Küche wurde hauptsächlich der Echte oder Gemeine Heiden mit seinen gleichmäßigen, dreieckigen Körnern und den weißen oder rosafarbenen Blüten verwendet. Heutzutage bauen jedoch immer mehr Menschen den grüngelb blühenden Tatarischen Heiden an, dessen kleine zerknitterte Körner einen leicht bitteren Geschmack haben und sogar noch gesünder sind: Ihr Rutingehalt ist hundert Mal höher als der des gewöhnlichen Heiden.

Prof. Dr. Ivan Kreft, Mitglied der Slowenischen Akademie der Wissenschaften und Künste (SAZU), ist einer der wichtigsten Heidenexperten weltweit. An der Fakultät für Biotechnologie der Universität Ljubljana und am Institut für Ernährungswissenschaften erforscht er u. a. die genetischen, physiologischen und sonstigen Grundlagen der Qualität und des Nährwerts von Getreidesorten.

Quellen und Gesprächspartner:
Ivan Kreft, Majda Horjak, Anuška Viher, Tina Delalut Smrtnik, Katja Pajenk, Danica Hudrap, Irma und Albert Javornik

Ajdova kaša po Viherjevo

Heidenbrein mit Steinpilzen nach Viher-Art

ZUTATEN (für 4 Personen)

250 g Heidenbrein (Buchweizengrütze)
1 l Salzwasser
300 g frische Steinpilze
100 g Zwiebeln
100 g Karotten
30 g Butter
100 ml Rahm
4 Knoblauchzehen
Salz
schwarze Pfefferkörner
1 Zweig Majoran
1 Zweig Thymian
2 Zweige Petersilie

ANMERKUNG
Dies ist ein einfaches Rezept von »**Oma Katica**«, **Katarina Šauc Viher**, geboren im Jahr 1926. Ihre Enkelin **Anuška Viher**, von der ich das Rezept habe, kocht auf dem Ferienhof Hiša Viher in Vuzenica noch immer nach den Rezepten der Oma.

ZUBEREITUNG

Den Heidenbrein in einem Sieb unter fließendem kaltem Wasser gründlich abspülen und gut abtropfen lassen.

Einen Liter Salzwasser in einem Topf zum Kochen bringen. Den Knoblauch schälen. Den gewaschenen Heidenbrein, zwei Knoblauchzehen und den Majoran in das kochende Wasser geben und zugedeckt 15 Minuten leicht köcheln lassen. Abgießen und Knoblauch und Majoran entfernen.

Die Pilze putzen und in etwas dickere Scheiben schneiden. Die Karotte schälen und fein würfeln. Die Zwiebel schälen und hacken. Zwei Knoblauchzehen fein hacken.

Die Butter in einer Pfanne zerlassen, darin die Zwiebeln leicht anbraten und die Karotten hinzufügen. Unter Rühren 3 Minuten langsam braten. Die in Scheiben geschnittenen Steinpilze, den gehackten Knoblauch und den Thymian hinzufügen. Langsam erhitzen, bis die Flüssigkeit verdampft ist.

Den Rahm über die gebratene Pilzmischung gießen und den abgetropften Heidenbrein mit Salz und frisch gemahlenem Pfeffer hinzugeben. Unter Rühren kurz aufkochen.

Die Petersilie fein hacken und über das Gericht streuen. Umrühren und als Beilage oder auch als Hauptgericht servieren.

Hirsebrein

ZUTATEN (für 5 Personen)

300 g Hirsebrein (Hirsegrütze), in heißem Wasser gewaschen
mindestens 1½ l kochendes Salzwasser
Butter
Semmelbrösel oder Grammeln (Grieben)

ZUBEREITUNG

Den Hirsebrein in Wasser etwa 15 Minuten kochen. Abgießen und mit in Butter gerösteten Semmelbröseln oder warmen Grammeln abschmalzen.

ANMERKUNG

Das Rezept stammt aus der Libeliče-Gegend der Region Koroška und ich habe es im Kochbuch »*Libeliška kuharica*« von Brigita Rajšter und Lilijana Medved (Kulturno prosvetno društvo Libeliče, Koroški pokrajinski muzej, dritte Auflage 2009) entdeckt.

Ethnologen haben herausgefunden, dass Breine die ältesten Gerichte der Welt sind. Hirsebrein war am weitesten verbreitet.

Mit Milch gekochte Gerichte wurden »weiß« genannt, aber dieser Hirsebrein wird mit Wasser gekocht und heißt daher »schwarzer Brein«. Mit Wasser wurde Brein immer dann gekocht, wenn es keine Milch gab oder wenn sie ausgegangen war.

Srčna slana ajdova kaša

Herzhafter Heidenbrein, Kindern aufgetischt

ZUTATEN (für 2 Personen)

100 g Heidenbrein
500 ml Gemüsebrühe
1 Esslöffel fein gehackter Lauch
zum Garnieren Sauerrahm
Kräuter und essbare Blüten

HEIDENFELDER

»Wenn der Heiden geerntet ist und das Wetter schön und sonnig, färben sich die Felder in den schönsten Farben, die die Natur im Herbst zu bieten hat. Es ist wahr, dass die Felder irgendwie wehmütig wirken, weil alles Sommerwachstum am Absterben ist, aber diese nachdenkliche Wehmut, die die Felder, die Wälder, die Hügel und die Niederungen überzieht, ist so schön, dass das Herz unwillkürlich auf fremde, ferne Gedanken lauscht. Zu dieser Zeit ist die Atmosphäre von einer Vielzahl wunderschöner Farben erfüllt – die Farben der vergilbenden Bäume, der braunen Felder, der grünen Fichtenwälder, der rötlichen Lärchen- und Buchenhänge der nahegelegenen Berge, die Farben der dunklen Auen und Niederungen, die in diese wunderbare, friedliche Herbstfarbe übergehen, die kaum zu beschreiben ist.

Und dort, wo der Herbstheiden gesät wird, gesellt sich die Farbe des reifenden Heidens oder, noch stärker, der bereits abgeernteten Felder mit ihrem tiefroten, fast violetten Widerschein hinzu und verleiht dem Herbstbild genau jenen wahren, tief empfundenen Ausdruck des abschiednehmenden Lebens.«

Aus der Erzählung »*Solzice*« (»Maiglöckchen«) des 1893 in Ravne na Koroškem geborenen Autors und Politikers **Prežihov Voranc** (**Lovro Kuhar**), Übersetzung: Peter Kamien

ZUBEREITUNG

Den zuvor abgespülten Heidenbrein und den Lauch in der Gemüsebrühe kochen. Gegebenenfalls mit Salz würzen.

Der Brein wird in Form eines Herzens auf dem Teller serviert und mit einem Klecks Sauerrahm verziert. Zur Dekoration essbare bunte Blüten oder Kräuter verwenden.

ANMERKUNG

Dieses Gericht wurde in den Jahren nach dem Zweiten Weltkrieg von einer lieben Nachbarin, der **Ana Gostenčnik** aus Stražišče bei Prevalje, zubereitet, die es mir in Form eines Herzens servierte, weil ich als Kind keinen Heidenbrein mochte. Viel später kochten wir ihn noch gemeinsam, wenn ich sie besuchte.

Močnate rihte

MEHLGERICHTE

Heidensterz mit Honig
Preiselbeer-Struckel
Gedämpfte Germteigknödel
Teigflecken
Kletzennudeln mit Bröseln und Grammeln
Heiden-Bandnudeln
Kleine Germteigkrapfen in einer Soße aus Schnaps, Wasser und Honig
Teigroulade mit Hirnfüllung, auch pofezi *genannt*
Struckel mit Ei-Schnittlauch-Füllung

EINE KULINARISCHE SPEZIALITÄT DER REGION KOROŠKA

Koroški mošt

Most, Apfelwein

Apfelwein, in anderen Ländern auch Äppelwoi, Cidre, Viez oder Scrumpy genannt, war schon bei den alten Germanen und noch früher bei den Römern bekannt. Er wird durch den natürlichen Prozess der alkoholischen Gärung aus Apfelsaft hergestellt. In der Region Koroška schmeckt er anders als ähnliche Apfelweine in Slowenien und ganz Europa.

In Kärnten wird der Apfelwein *mošt* genannt und oft unter Zugabe von Holzäpfeln hergestellt, den Früchten wilder Apfelbäume, die einige Meter hoch werden oder als Sträucher wachsen. Die Frucht hat eine rötliche oder grünliche Farbe, ist klein, schmeckt bittersäuerlich und hat ein interessantes Aroma.

Bis vor kurzem wurde der Most in hölzernen Pressen gepresst, die in jedem Bauernhaus zu finden waren. Heute sind sie weitgehend durch neuere mechanische Pressen ersetzt. Die Äpfel werden vor dem Pressen gestampft.

Der frische Apfelsaft, in Kärnten als Süßmost bekannt, kommt trüb aus der Presse und schmeckt berauschend frisch. Das Getränk ist gesund und hat wenig Kalorien.

Der Most ist völlig natürlich und gehört zu den ältesten Kulturgetränken. Er hat nur 5 bis 8 Volumenprozent Alkohol, ist reich an Vitamin C, Kalium und Magnesium und hat eine positive Wirkung auf den Magen-Darm-Trakt.

Die Kärntnerinnen und Kärntner arbeiten intensiv an der Verbesserung der Qualität ihres Mostes und veranstalten Wettbewerbe für den besten Apfelmost, Süßmost und Essig. Sie bemühen sich auch um die Erhaltung und Vermehrung der Hochstamm-Obstgärten, deren Äpfel dem Most aus der Region Koroška seinen besonderen ökologischen Charakter mitgeben.

KÄRNTNER MOST

Den Wein, wo immer es ihn gibt,
man stets besingt mit voller Kraft.
Bei uns, da wird der Most geliebt,
den braver Bauern Arbeit schafft.

Gesund ist er, ein starker Trank,
der Kühlung und Erfrischung bringt.
Drum uns'rem holden Most zum Dank
ehrend nun mein Lied erklingt.

Ausschnitt aus einem Lied von **Blaža Mavrel**
Übersetzung: Miran Leydold

Quellen und Gesprächspartner:
Irma Hartman-Javornik und Albert Javornik vom Ferienhof Lešnik, Simon Rožej, Jože Dobrodel, Danica Hudrap, Peter Lenče, Alojz Pori: »*Pijmo dober mošt*«, samozaložba, Dobja vas 1997

Ždavi žgánki s strdjo

Heidensterz mit Honig

ZUTATEN (für 8–10 Personen)

650 g Heidenmehl
100 g griffiges Weizenmehl
6 Esslöffel Honig
4 Esslöffel Schmalz
etwas Salz
3 Liter Wasser

ZUBEREITUNG

Beide Mehle mischen, in das kochende leicht gesalzene Wasser rühren und dabei zu einer großen Kugel formen. Nachdem sie mindestens 15 Minuten lang zugedeckt gekocht hat, den Kloß wenden und mit dem Stiel eines Holzkochlöffels vorsichtig ein bis zu 3 cm breites Loch durch den Knödel stechen. Mindestens 10 Minuten zugedeckt weiter kochen. Eine große Tasse der Flüssigkeit aufheben, den Rest abgießen.

Das heiße Schmalz über den festen Mehlkloß gießen und ihn dann mit einem Holzlöffel energisch zu einem Sterz verarbeiten, der keine hellen Klümpchen enthalten soll. Nach Bedarf die aufgehobene Flüssigkeit dazugießen.

Den Sterz mit einem Sterzlöffel und einer Gabel in eine Schüssel füllen und unmittelbar vor dem Servieren erwärmten Honig darübergießen.

ANMERKUNG
Das Rezept, das er bei seinen Recherchen über die Kärntner Kulinarik im Meža-Tal entdeckte, wurde mir ebenfalls von **Anže Habjan** überlassen.

Sterz ist übrigens eine sehr alte Lebensmittelzubereitung, ähnlich wie Brein.

Komuničevi knédlni

Preiselbeer-Struckel

ZUTATEN (für 5 Personen)

Teig
200–250 g griffiges Weizenmehl
200–250 g glattes Weizenmehl
1 Ei
Salz
etwa 250 ml lauwarmes Wasser

Füllung
8 gehäufte Esslöffel (oder 2 Tassen) Preiselbeermarmelade
8 Esslöffel Heidenmehl

Grammeln zum Abschmalzen

ANMERKUNG
Das Rezept stammt von **Julijana Stipanič**, übermittelt hat es mir **Zdenka Jamnik** vom Studienkreis Alte Bauernhausgerichte. Es findet sich auch in der Publikation von Jelka Pšajd: »*Mama je kuhala, otroci so dremali, fotr pa molo: prehranska kulturna dediščina Pohorja in Kozjaka*« (»Mama kochte, die Kinder machten ein Nickerchen und der Vater hat gebetet: das kulinarische Kulturerbe von Pohorje und Kozjak«), Zavod za gozdove Slovenije, OE 2015.

Die Menschen in Pernice, Ojstrica und Kozjak nennen Preiselbeeren *komuničje*.

ZUBEREITUNG

Die Teigzutaten 5 Minuten lang zu einem glatten Teig kneten und dann ruhen lassen. Anschließend auf etwas Mehl, damit er nicht an der Oberfläche kleben bleibt, so dünn wie möglich ausrollen.

Für die Füllung die Marmelade mit dem Heidenmehl vermischen und gleichmäßig auf dem Teig verteilen. In der Mitte mit einem gewellten Teigrad einen Kreuzschlitz schneiden und den Teig von innen nach außen zu einem geschlossenen Ring rollen. In etwa 15 cm lange Stücke schneiden. Wenn notwendig, die Ränder zusammendrücken, damit die Füllung beim Kochen nicht ausläuft. Alternativ kann der Teig mit der Füllung natürlich auch auf die übliche Weise gerollt werden.

Mindestens 10 Minuten in kochendem Salzwasser auf kleiner Flamme in einem nicht abgedeckten Topf köcheln lassen. Den Struckel mit einem Schaumlöffel herausnehmen und noch heiß in dicke Scheiben schneiden. Mit heißen Grammeln abschmalzen.

56

Gedämpfte Germteigknödel

ZUTATEN (für 5–6 Personen)

500 g Weizenmehl
½ Germwürfel, ca. 20 g
4 Eier
50 ml lauwarme Milch für die Germ
gegebenenfalls zusätzliche lauwarme Milch
ein wenig Salz
Butter oder Grammeln für das Begießen vor dem Servieren
kochendes Salzwasser oder Dampfgarer

ZUBEREITUNG

Die Germ in die lauwarme Milch geben und etwas gehen lassen, dann das Mehl, die Eier und gegebenenfalls noch weitere Milch hinzugeben. Einen leichten, feuchten Teig kneten und ihn zugedeckt an einem warmen Ort gehen lassen.

Mit einem kleinen Löffel Knödel formen und weiter aufgehen lassen.

Dann die Knödel in das kochende Salzwasser legen (nicht zu viele auf einmal), nach 10 bis 15 Minuten umdrehen und nach weiteren 10 Minuten einen Knödel zur Kontrolle, ob er gar ist, aufschneiden. Noch besser ist es, die Knödel in einem Dampfgarer zuzubereiten.

Wenn die Knödel größer sind, halbieren oder vierteln und mit Butter oder Grammeln abschmalzen.

Diese Knödel wurden zu herzhaften Gerichten wie Sauerkraut, sauren Rüben oder zu grünem Salat gegessen, sie können aber auch süß genossen werden.

ANMERKUNG
Das Rezept stammt von **Nežika Dobrodel** (geboren 1941), einer erfahrenen Hausfrau vom schön angelegten Bauernhof Pri Oncu nahe Prevalje. Sie sagt, dass diese Knödel auch am nächsten Tag gebraten gut schmecken. Stimmt. Ich habe es selbst ausprobiert.

Flike

Teigflecken

ZUTATEN (für 6 Personen)

500 g Weißmehl
1 Ei
Milch nach Bedarf
kochendes Salzwasser

ZUBEREITUNG

Den Teig aus den genannten Zutaten so kneten, dass er eher weich als fest ist, dünn ausrollen und erst in Streifen und dann in ca. 3 × 2 cm lange Stücke schneiden. Diese Stücke in kochendem Salzwasser etwa 7 bis 10 Minuten kochen. Gelegentlich umrühren.

Die zweite Möglichkeit ist, den Teigstreifen in die Hand zu nehmen und ihn mit den Fingern leicht zu dehnen. Dann Stück für Stück abreißen und direkt ins Kochwasser legen. In der Region Koroška wird ein solches Stück Teig *flika* genannt, daher auch der Name des Gerichts.

ANMERKUNG
Das Rezept wurde mir von **Anuška Viher**, der Besitzerin des touristischen Bauernhofs Hiša Viher in Vuzenica, zur Verfügung gestellt.

Kvóčavi/kvóčovi núdlni

Kletzennudeln mit Bröseln und Grammeln

ZUTATEN (für 4–6 Personen)

Teig
500 g Mehl
2 Eier
Salz und Wasser

Füllung
Kletzen
1 Ei
Salz
Weißbrot, gewürfelt ohne Rinde,
oder eine Handvoll Semmelbrösel

Grammeln zum Abschmalzen
feine Kletzenscheiben zum Garnieren

ZUBEREITUNG

Für die Füllung die gedörrten Birnen weichkochen und sehr fein hacken. Eier und Semmelbrösel hinzufügen. Die Füllung sollte einigermaßen saftig sein, aber immer noch kompakt genug, um daraus kleine Kugeln zu formen.

Aus den genannten Zutaten einen Teig kneten, der eher weich als fest ist, und ihn mindestens 15 Minuten ruhen lassen (geölt, mit Frischhaltefolie abgedeckt, lauwarm). Den Teig dünn ausrollen und in Streifen schneiden (je nach gewünschter Größe, Kletzennudeln sind hübscher, wenn sie kleiner sind). Für die Füllung die Kletzenkugeln auf einem Teigstreifen platzieren und dann mit einem zweiten Teigstreifen abdecken. Die Teigränder mit den Fingern zusammendrücken, ebenso um die einzelnen Kugeln herum verfahren, dann die einzelnen Taschen mit einem Teigrad ausschneiden.

Die Taschen in kochendem Salzwasser langsam und unbedeckt je nach Größe 15 bis 20 Minuten garen. Gut abtropfen lassen, mit heißer Grammelmasse abschmalzen und mit Birnenscheiben dekorieren. Diese Nudeln sollten sofort nach dem Kochen serviert werden, solange sie noch weich und saftig sind. Auch vor dem Kochen sollten sie nicht zu lange rasten.

ANMERKUNG
Das Rezept wurde mir von dem bekannten Kärntner Gastronomen **Peter Lenče** verraten, als ich ihn in seinem Gasthaus Pri Škrubiju in Črna na Koroškem besuchte. Er bereitet es auch mit einer Fleischfüllung zu.

Beim Testen des Rezepts und beim Variieren der Zutaten habe ich festgestellt, dass dafür fast jede Kärntnerin ihr eigenes Rezept hat.

EINE KULINARISCHE SPEZIALITÄT DER REGION KOROŠKA

Tótrov óli

Leindotteröl

Das Öl aus den Samen der Leindotterpflanze (*Camelina sativa*) wird sehr geschätzt. Die Pflanze ist ein anspruchsloses Gewächs, ähnlich wie Flachs, obwohl sie wie Kraut, Rüben und Kren zu den Kreuzblütengewächsen gehört. Sie ist eine alte Kulturpflanze der nordeuropäischen Gebiete und wurde schon in der frühen Stein- und Eisenzeit angebaut. Sie verbreitete sich in ganz Europa und wird schon mehr als 2.000 Jahre wertgeschätzt.

Leindotter-Öl hat eine gelbe Farbe, einen milden, aromatischen Geschmack und ist besonders in der Region Koroška beliebt, wo es als »flüssiges Gold« bekannt ist. Mütter und Großmütter haben es zur Behandlung verschiedener Gesundheitsprobleme verwendet. Nach umfangreichen wissenschaftlichen Untersuchungen gewinnt es zu Recht seinen Ruf zurück. Es ist nützlich in der Medizin (innere und äußere Krankheiten) und in der Ernährung, aber auch in der Industrie (organische Farben, Lackherstellung, Kosmetika).

Ein Teelöffel am Morgen auf nüchternen Magen und ein Teelöffel am Abend vor dem Schlafengehen vertreibt Müdigkeit, Gereiztheit und hilft bei verschiedenen Magenproblemen. Essenzielle Fettsäuren stärken das Immunsystem, senken den Cholesterinspiegel, helfen bei Herz-Kreislauf-Erkrankungen, Diabetes, Allergien und Hautproblemen. Es ist besonders wichtig für die Bildung und Erhaltung der Hirnhäute, es schützt sie vor Verfall. Es hat auch eine wichtige Wirkung auf die Drüsenfunktion und die Kalziumaufnahme in die Zellen, beugt Osteoporose vor und fördert die Verbrennung von gesättigten Fetten im Körper. Das Öl reguliert auch die Magensäure und heilt äußere Wunden und auch Magenwunden. Vor hundert Jahren wurde es zum Beispiel mit großem Erfolg an der Isonzofront eingesetzt.

Es ist das traditionelle Heilmittel gegen die Beschwerden unserer Zeit! Ein wahres Wunder der Natur und ganz ohne Nebenwirkungen.

Für einen Liter Öl werden etwa 7 Kilogramm Leindottersamen benötigt.

Quellen oder Gesprächspartner:
Tadej Mirkač, Marija Kreuh Turnšek, Ana Gostenčnik

Šroki édavi núdlči

Heiden-Bandnudeln

ZUTATEN (für 6 Personen)

300 g Heidenmehl
200 g feines Weizenmehl

350 ml kochendes Salzwasser
1 Ei
1 Esslöffel kleine Grammeln oder ein anderes Fett

ZUBEREITUNG

Das Heidenmehl überbrühen, mit dem Weizenmehl gut vermischen und abkühlen lassen. Gründlich zu einem festen Teig kneten, dabei das Ei und ggf. noch etwas Weizenmehl hinzufügen. Eine Weile ruhen lassen. Einen großen Topf mit gesalzenem Wasser auf den Herd setzen.

Den Teig mit etwas Weizenmehl bestäuben, 3 bis 4 mm dick ausrollen und in 1½ cm breite und etwa 10 cm lange Nudeln schneiden. Die Nudeln vorsichtig in einigen Runden (nicht alle auf einmal) in das kochende Salzwasser geben und sachte umrühren, damit sie nicht am Boden festkleben. Das Wasser zugedeckt wieder zum Kochen bringen, noch einmal vorsichtig rühren und 5 Minuten leicht köcheln lassen. Anschließend in ein erwärmtes Gefäß geben. Zum Servieren abschmalzen, damit die Nudeln nicht zusammenkleben.

ANMERKUNG

Dieses Gericht wurde noch im August 1985 von der alten **Frau Mikic** zu Hause im Weiler Belšak gekocht, auf einem abgelegenen Bauernhof nahe der österreichischen Grenze, westlich von Šentanel. Sie erzählte dem Akademiker **Ivan Kreft**, dass sie dort schon immer so gekocht und gegessen haben. Das hier veröffentlichte Rezept wurde mir freundlicherweise von ihm, dem größten Buchweizenexperten Sloweniens, zur Verfügung gestellt.

Vor rund 100 Jahren wurde in der Region Koroška zu diesen Nudeln eine Schüssel *štranklnova župa*, Strankerlsuppe (Suppe aus grünen Bohnen), oder eine Suppe aus jungen Erbsen gereicht. Jeder Gast gab die Nudeln zu der Suppe in seinen Teller und genoss diese uralte Kombination, die als Hauptgericht gegessen wurde.

Kleine Germteigkrapfen in einer Soße aus Schnaps, Wasser und Honig

ZUTATEN (für 10 Personen)

Teig
1.000 g Weizenmehl
60 g frische Germ
sehr wenig lauwarmes Wasser
1 Ei
25 g Salz
Frittierfett (Öl oder Schmalz)

Soße
250 ml Schnaps
250 ml Wasser
Honig nach Geschmack

ZUBEREITUNG

Aus Germ, ein wenig Mehl und lauwarmem Wasser ein Dampfl ansetzen und bis auf die doppelte Menge aufgehen lassen. Dann mit dem Dampfl, dem leicht erwärmten Mehl, Salz, Ei und noch etwas lauwarmem Wasser einen Teig zubereiten und zugedeckt gehen lassen.

Das Fett erhitzen, einen Löffel in das heiße Fett tauchen und damit ein wenig Teig ausstechen und zu kleinen Nockerln formen (etwa wie eine größere Walnuss). Die Nockerln im Fett ausbacken und auf Küchenpapier abtropfen lassen.

Wasser, Schnaps und Honig zum Kochen bringen und die Flüssigkeit über die in eine Schüssel gelegten Nockerln gießen und so schnell wie möglich servieren.

ANMERKUNG

Die frittierten kleinen Krapfen aus Germteig, die mit einer Mischung aus Wasser, Schnaps und Honig übergossen werden, wurden von den Bauern in Libeliče gerne nach ihrer schweren Arbeit gegessen.

Das Rezept stammt aus dem schon erwähnten wunderbaren Kochbuch »*Libeliška kuharica*« von Brigita Rajšter und Lilijana Medved.

Für mich birgt dieses Gericht eine besondere, beschwipste Erinnerung. Bei der Zubereitung muss man wirklich darauf achten, die Krapfen klein zu halten. In Kombination mit der Schnaps-Honig-Soße ist dieses Gericht wirklich interessant und ungewöhnlich.

Možganova rola

Teigroulade mit Hirnfüllung, auch *pofezi* genannt

ZUTATEN (für 4–6 Personen)

Teigroulade
250 ml lauwarme Milch
125 g Butter
1 Ei
4 Esslöffel Weizenmehl
Salz
Butter für die Pfanne

Hirnfüllung
2 Stück Kalbshirn, 500 g
1 Esslöffel Butter
1 Esslöffel gehackte Zwiebel
ein wenig gehackte Petersilie und Knoblauch
Pfeffer und Salz
2 gestrichene Esslöffel Weizenmehl
1 Esslöffel zerkleinertes Weißbrot
etwas Brühe, falls erforderlich
1–2 Eier zum Panieren
Semmelbrösel zum Panieren, Menge nach Bedarf
Frittierfett, Menge nach Bedarf
Zahnstocher

ZUBEREITUNG

Milch, Butter Ei, Mehl und Salz zu einem dünnen, glatten Teig verarbeiten. Ein wenig Butter in einer Pfanne schmelzen und abgießen. Die Pfanne schräg halten und den Teig langsam hineingießen, sehr dünn verteilen und leicht auf beiden Seiten bräunen.

Für die Füllung das Hirn kurz kochen, putzen und vorsichtig die Haut entfernen. Abkühlen lassen und nicht zu fein hacken. 1 Esslöffel Butter erhitzen und die Zwiebel kurz anbraten, dann das Hirn und alle übrigen Zutaten hinzufügen. Unter leichtem Rühren kurz aufkochen.

Die Füllung auf dem Teig verteilen und diesen aufrollen. Die Rolle halbieren, leicht in Paniermehl und großzügig in verquirltem Ei wälzen, mit einem Zahnstocher feststecken und kurz frittieren. Auf Küchenkrepp abtropfen lassen. Nicht vergessen: Vor dem Servieren den Zahnstocher entfernen.

ANMERKUNG
Das Rezept stammt von der hervorragenden Köchin und Hausfrau **Matilda Prevalnik**. Es wurde von **Simon Rožej** zur Verfügung gestellt.

Gerichte mit Hirn werden heute kaum noch zubereitet, aber früher galten sie als eine große Delikatesse. Meine Gäste sind von diesem Gericht jedes Mal wirklich angenehm überrascht.

Povitniki z jajcami in šnitlahom

Struckel mit Ei-Schnittlauch-Füllung

ZUTATEN (für 4–6 Personen)

Teig
500 g feines Weizenmehl
1 Ei
Salz
1 Esslöffel Öl
1 Esslöffel Apfelessig
lauwarmes Wasser nach Bedarf

Füllung
2 gehäufte Esslöffel Grammeln
10 Eier
1 Bund Schnittlauch, fein gehackt
Salz nach Bedarf
Semmelbrösel
kochendes Salzwasser

Belag
1 gehäufter Esslöffel Grammeln
Essiggurkenscheiben zur Dekoration

ANMERKUNG
Irena Triglav aus Prevalje im Meža-Tal hat mir dieses kulinarische Familienjuwel überlassen. Ihre Großmutter **Veronika Kranjc** hat dieses Gericht bereits vor 100 Jahren in Leše zubereitet. Ihre Tochter **Irena Triglav** setzte es ebenfalls auf den Speiseplan der Familie, und jetzt bereitet es Irenas Tochter **Jana** zu.

ZUBEREITUNG

Für den Teig das Ei mit dem Salz verquirlen, das Mehl einrieseln lassen, Öl, Essig und nach Bedarf Wasser zugeben. Alles gut durchkneten, bis ein weicher Teig entsteht, und zu einem Laib formen. Einölen, abdecken und mindestens eine Stunde bei Raumtemperatur ruhen lassen.

Den Laib mit den Händen leicht ausdehnen, dann in die Mitte eines bemehlten Tuches legen und langsam und gleichmäßig nach allen Seiten ausziehen. Sie können natürlich auch ein Nudelholz verwenden.

Für die Füllung die Grammeln in einer Pfanne schmelzen, die Eier dazugeben, mischen und leicht anbraten. Nach Geschmack Schnittlauch und Salz hinzufügen. Die Füllung auf dem Teig verteilen und straff aufrollen. Die Rollen in 2 oder 3 Stücke schneiden, die Ränder festdrücken. Dann in feuchte, mit Semmelbröseln bestreute Stoffservietten einwickeln, mit Bindfaden zubinden und 15 Minuten in leicht gesalzenem Wasser kochen.

Die Grammeln in einer Pfanne erhitzen und die in 2 bis 3 cm dicke Scheiben geschnittenen Struckel darin anbraten. Als eigenständiges Gericht mit grünem Salat oder in kleineren Mengen als Vorspeise, garniert mit den Essiggurkenscheiben, servieren.

FLEISCH

Innereienbraten in der Backform mit Brot und Heidenbrein
Hauskaninchen mit Kräutern und Gemüse im Rohr nach Viher-Art
Gekochtes Selchfleisch
Gespickter Kalbsbraten, mehrere Tage in Essig eingelegt
Maischerln: Laibchen aus Fleisch, Innereien, Brot und Heidenbrein, im Schweinenetz gebraten
Im Rohr gegarte gespickte Kalbszunge mit Pilzen
Kalbsherz in Soße, mit Dörrobst gefüllt und mit Speck gespickt
Gefüllter Rindslungenbraten
Kalbfleisch im Speckmantel, in Butter gebraten
Gebackenes Blut: Ein altes Fleischgericht beim Schlachtfest

Grumpi

Die populären Kärntner Grammeln

In Deutschland heißen sie Grieben, in Österreich Grammeln und in Slowenien *ocvirki* oder *grumpi.*

Grumpi sind eine der typischsten Begleitspeisen in der Kärntner Küche, beim Schlachtfest und auch sonst für viele herzhafte und sogar für süße Gerichte. Über ein Gericht gestreut oder untergemischt, überlagern sie aber leider manchmal dessen Grundgeschmack.

Die Begeisterung der Menschen in Kärnten für Grammeln zeigt sich auch darin, dass die bekannte Fleischerei Lečnik in Ravne na Koroškem Schokoladenpralinen mit Grammelgeschmack verkauft.

Grammeln und Speck können gesunde Lebensmittel sein, wenn das Schwein richtig aufgezogen und sauber verarbeitet wurde und wenn sie in Maßen verzehrt werden. Aber das gilt nahezu auch für jedes andere Lebensmittel. Sogar weniger als die Hälfte der gesättigten Fettsäuren im Schweinefett befinden sich im Unterhautfett, was das negative Image von Speck in der Öffentlichkeit verändert.

Grammeln werden durch Zerkleinern des Schweinebauchs hergestellt, der auch einen Teil eingewachsenen Fleisches enthält, mit Resten, die beim Zerlegen anderer Fleischstücke anfallen: Noch etwas Milch und Salz hinzufügen und in einem großen Topf bei schwacher Hitze unter ständigem Rühren langsam erhitzen. Wenn die Grammeln die gewünschte Farbe angenommen haben, abtropfen lassen. Das Fett wird zum Braten verwendet und die Grammeln sind die Krönung der vorzüglich zubereiteten Kärntner Hausmannskost.

TOUSTI GRUMPI – Fleischgrammeln

Die *Korošci* sind sehr stolz auf ihre Fleischgrammeln, die *tousti grumpi*, die sie gerne als köstliche Vorspeise genießen – warm oder kalt und meist mit Roggenbrot.

Diese Fleischgrammeln werden auf ähnliche Weise zubereitet wie die kleinen normalen Grammeln, mit einem kleinen Unterschied: Es werden zwar genauso Schweinebauch und die fettigen Reste anderer Teilstücke verwendet, man fügt aber noch eine beträchtliche Menge Fleisch dazu. Man schneidet alles in eineinhalb Zentimeter dicke Würfel, salzt und pfeffert sie und dann werden die *tousti grumpi* langsam in einer großen Pfanne gebraten, in die vorher etwas Wasser gegeben wurde, damit die Stücke nicht zusammenkleben.

Quellen oder Gesprächspartner:
Alojz Lečnik, Helena Kresnik Pažek, Majda Horjak, Erika Plešivčnik, Peter Lenče, Willi Ošina, Darja Kotnik Kuhar

70

Mežerli

Innereienbraten in der Backform mit Brot und Heidenbrein

ZUTATEN (für 6 Personen)

1 kg Lunge vom Schwein
200 g Herz vom Schwein
250 g gekochter Heidenbrein (s. Seite 45 oder 49, es kann auch Reis verwendet werden)
500 g gewürfeltes Weißbrot
Milch nach Bedarf
200 ml Rahm
2 Eier
Majoran
Zwiebel, gehackt
Schweineschmalz oder anderes Fett
Salz

ZUBEREITUNG

Die Innereien kochen und grob zerkleinern. Die Brotwürfel in Milch einweichen und leicht auspressen, dann die Zwiebel im Schmalz anbraten.

Das Brot, den Rahm, die Eier, den Majoran, das Salz, die Zwiebel und die Innereien sowie eine angemessene Menge Heidenbrein miteinander vermischen.

Die Masse in eine gut gefettete Backform füllen und im vorgeheizten Backofen bei 190 bis 200 °C etwa 45 Minuten backen. Das Gericht soll saftig bleiben.

ANMERKUNG

In der Region Koroška gibt es mehrere ähnliche Namen und Rezepte für dieses Gericht. Im Meža-Tal wird es *mežerli* genannt. Das Rezept stammt aus dem Buch »*Libeliška kuharica*« von Brigita Rajšter und Lilijana Medved und heißt dort *mažerle*. Das Gericht ist österreichisch-bayerischen Ursprungs.

Ein Foto dieses Gerichts, das der Fotograf **Tomo Jeseničnik** aufgenommen hat, wurde 2010 auf einer slowenischen Briefmarke abgebildet.

Dômač zajc z róra po Viherjevo

Hauskaninchen mit Kräutern und Gemüse im Rohr nach Viher-Art

ZUTATEN (für 4–6 Personen)

1 junges Kaninchen, ca. 1.200 g
4 kleine Zwiebeln
8 mittelgroße Erdäpfel (Kartoffeln)
8 mittelgroße Karotten
4 Knoblauchzehen
Salz und Pfeffer
gemahlener süßer Paprika
gemahlener Kümmel
frischer Rosmarin, wilder Thymian und Petersilie
50 ml Öl für die Marinade
Öl und ein wenig Wasser

ZUBEREITUNG

Den fein gehackten Knoblauch, Salz, Pfeffer, Paprika, Kümmel und die gehackten Kräuter mit dem Öl vermischen. Das Fleisch damit bestreichen und mindestens 30 Minuten oder besser über Nacht an einem kühlen Ort marinieren.

Das Gemüse und die Erdäpfel putzen und zerkleinern, in einer großen Schüssel gut vermischen und etwas Öl dazugeben.

Einige Esslöffel Wasser auf den Boden einer Bratenform geben und die Hälfte des Gemüses und der Erdäpfel hinzufügen. Das marinierte Fleisch auf das Gemüse legen, dann die andere Hälfte des Gemüses sowie die restliche Marinade darübergeben. Zum Schluss noch mit ein wenig Öl beträufeln. Im vorgeheizten Backofen zugedeckt 1 Stunde bei etwa 190 °C backen.

Damit das Fleisch richtig saftig wird, sollte immer etwas Flüssigkeit in der Bratenform bleiben. Am besten mit dem Garsud des Gemüses gelegentlich das Fleisch begießen.

ANMERKUNG

Dies ist ein einfaches Rezept von »**Oma Katica**«, **Katarina Šauc Viher**. Ihre Enkelin **Anuška Viher**, von der ich das Rezept habe, bereitet auf dem Ferienhof Hiša Viher in Vuzenica ihr Kaninchen noch immer nach diesem Rezept zu.

Kuhano zëthano m'so

Gekochtes Selchfleisch

ZUTATEN (für 6 Personen)

1 kg Selchfleisch (geräuchertes Fleisch)
Suppengrün (Karotte, Wurzelpetersilie mit Grün, Knollensellerie)
Knoblauch und Zwiebeln
2 Lorbeerblätter
ganze schwarze Pfefferkörner

ZUBEREITUNG

Das gut gewaschene Fleisch, das geputzte Gemüse und die Gewürze zum Kochen in heißes Wasser geben.

Die Kochzeit für das Fleisch richtet sich nach dem Gewicht. 1 Kilo Fleisch wird 1 Stunde lang gekocht. Wenn es schwerer ist, entsprechend viele Minuten länger.

Das gekochte Fleisch aus der Suppe nehmen und diese für andere Gerichte aufbewahren. Das Fleisch in schöne Scheiben schneiden und mit geriebenem Kren (Meerrettich) servieren.

ANMERKUNG
Das Rezept wurde von **Mira Juhart** zur Verfügung gestellt. Es stammt von ihrer Großmutter **Frančiška Babin**, die 1906 in Mežica geboren wurde. »Meine Großmutter sagte immer: ›Wenn du gutes Fleisch willst, gebe es in kochendes Wasser.‹«

K'séva tělačja/těvačja pečenka

Gespickter Kalbsbraten, mehrere Tage in Essig eingelegt

ZUTATEN (für 6 Personen)

längliches Stück Kalbskeule, 1.200 g
gemahlene Nelken
Salz
125 g Butter (oder auch mehr)
500 ml Suppe (Brühe)
8 kleine Zwiebelhälften
2 Handvoll getrocknete Steinpilze
Apfelessig nach Bedarf
Speck zum Spicken

ZUBEREITUNG

Das Kalbfleisch für 3 bis 6 Tage in Essig einlegen. Dann gründlich in Wasser spülen und die überstehende Haut abschneiden.

Das Fleisch von allen Seiten mit Speckstreifen spicken, am besten mit einer Spicknadel. Mit etwas gemahlenen Nelken und Salz bestreuen, in Butter anbraten, nach und nach die Suppe zugeben und schmoren lassen. Die Zwiebelhälften und die getrockneten Steinpilze in die Pfanne geben, um den Geschmack zu verstärken. Danach noch mindestens 10 bis 15 Minuten weiter schmoren.

ANMERKUNG

Dies ist ein altes Rezept aus dem Jahr 1923. Überliefert wurde es von meiner Mutter.

Da es damals noch keine Kühlschränke gab, wurde rohes Fleisch gerne in Essig aufbewahrt. Auf diese Weise blieb es genießbar und der Geschmack wurde verfeinert.

Mauželni

Maischerln: Laibchen aus Fleisch, Innereien, Brot und Heidenbrein, im Schweinenetz gebraten

ZUTATEN (für 10 Personen)

500 g Schweinelunge und -herz
500 g Schweinekopf
200 g Schweinehirn
200 g Heidenbrein (oder Reis)
200 g Weißbrot
40 g Schweineschmalz
200 g Zwiebeln, gehackt
etwas Milch
50 g Knoblauch, gehackt
3 Esslöffel Sauerrahm
Salz, Pfeffer, Piment und Majoran
Schweinenetz

ZUBEREITUNG

Den Schweinekopf, die Lunge und das Herz kochen, von den Knochen lösen und fein hacken oder grob faschieren. Das Hirn separat kurz kochen, um die Haut leichter entfernen zu können, hacken und mit zur Mischung geben.

Die gehackte Zwiebel im Schmalz anbraten, die Milch, das Fleisch, Knoblauch und die Gewürze hinzufügen.

Den Heidenbrein in der Fleischbrühe kochen und dazugeben. Zu Laibchen formen, in das Schweinenetz einwickeln und in einer Pfanne rundherum braten oder im Ofen bei etwa 190 °C.

ANMERKUNG

Das Rezept stammt aus dem Meža-Tal und wurde mir ebenfalls von **Anže Habjan** übermittelt, der für seine Abschlussarbeit alte Gerichte aus dem Meža-Tal recherchierte. In Zusammenarbeit mit der Schuldirektorin Marjeta Smole habe ich ihn ermutigt, eine sehr erfolgreiche Maturaarbeit über die alte Kärntner Küche unter der Anleitung von Professor **Majda Rebol** zu schreiben. Mindestens 50 Personen testeten seine Gerichte bei einer gut organisierten Veranstaltung, die ein großes und positives Echo in der Öffentlichkeit hervorrief.

Laut dem Ethnologen Prof. Dr. **Janez Bogataj** handelt es sich bei *mežerli* (s. Seite 71) und *maužlni* um zwei Versionen eines Gerichtes, das früher bei Schlachtfesten obligatorisch zubereitet wurde.

V roru péčen zoftn našpikan tělačji/tévačji jezik z gobami

Im Rohr gegarte gespickte Kalbszunge mit Pilzen

ZUTATEN (für 6 Personen)

3 Kalbszungen à 500 g
150 g Speck
150 g Karotten
10 bis 15 geschälte Knoblauchzehen
Suppe (Brühe) zum Übergießen der Zunge während des Bratens
50 g oder mehr getrocknete Pilze, in Milch eingeweicht und etwas ausgedrückt
200 g Sauerrahm
ca. 40 g Butter

ZUBEREITUNG

Karotten und Knoblauch putzen und zu Stiften schneiden.

Die Kalbszungen in Salzwasser kochen, noch warm enthäuten und großzügig mit dem Speck, den Karotten- und Knoblauchstiften spicken.

Gut einfetten und bei ca. 190 °C garen, aber kürzer als andere Braten, und dabei immer wieder mit ein wenig Suppe begießen.

Im letzten Viertel der Garzeit die Pilze hinzufügen, die zuvor in Milch eingeweicht und ausgedrückt wurden, kurz vor Ende der Garzeit über alles den Sauerrahm geben.

ANMERKUNG

Dies ist ein Rezept der hervorragenden Köchin und Hausfrau **Matilda Prevalnik**. Ich bekam es von **Simon Rožej**.

Ich hatte wirklich Schwierigkeiten, die Kalbszunge zu bekommen, um das Rezept auszuprobieren. Vor einigen Jahrzehnten waren Innereien aller Art (einschließlich Zunge) ein gängiges Lebensmittel und wurden normal beim Metzger angeboten. Jetzt setzen unsere besten Köche all diese Zutaten gerne wieder ein.

Nabúlano télačjo/tévačjo sŕce

Kalbsherz in Soße, mit Dörrobst gefüllt und mit Speck gespickt

ZUTATEN (für 4 Personen)

1 Kalbsherz, ca. 500 g
1–2 Äpfel, in kleine Würfel geschnitten
1 Handvoll Dörrzwetschken, entkernt, eingeweicht, gehackt
1 Handvoll Kletzen ohne Kerngehäuse, eingeweicht, gehackt
50 g Selchspeck, in dünnen schmalen Streifen
50 g Selchspeck, in dünnen breiten Scheiben
50 g Schweineschmalz
1 dicke Zwiebel, gewürfelt
Lorbeerblätter, Majoran, Thymian, Salz und Pfeffer
1 Esslöffel Mehl
Gemüse- oder Hühnerfond nach Bedarf
100–200 ml Rotwein (Merlot oder *Refošk*)
1 gehäufter Esslöffel Sauerrahm
Pilze, frisch oder getrocknet, fein gehackt
große Nadel und starker Faden oder Zahnstocher
2 größere Karotten, mit einem Juliennemesser in schmale Streifen oder mit einem normalen Messer in 1–2 mm dicke und etwa 3 cm lange Stäbchen geschnitten
1 Esslöffel Butter zum Rösten der Karotten

ZUBEREITUNG

Das gewaschene Herz von Adern und Sehnen befreien, abtrocknen, leicht salzen und mit den schmalen Speckstreifen spicken. Mit einer Mischung aus Äpfeln und getrockneten Birnen und Zwetschken füllen und zunähen oder mit Zahnstochern zustecken. Mit Salz und Pfeffer würzen.

Das gefüllte Herz im Schmalz von allen Seiten anbraten, dann die Zwiebel und die Speckscheiben anrösten. Mit der Hälfte des Weins und etwas Fond aufgießen und 50 Minuten köcheln. Das Mehl gut mit etwas Wasser vermischen und zugeben. Die restlichen Gewürze und die Pilze unterrühren und unter Zugabe von Fond oder Wein weiter garen, bis das Herz weich ist. Zum Schluss abschmecken.

Faden oder Zahnstocher vom Herz entfernen, in Portionen schneiden, mit Erdäpfellaibchen (s. z. B. Seite 106) servieren. Die Platte mit den kurz in Butter gebratenen Karottenstiften garnieren.

ANMERKUNG
Dieses Rezept wurde mir von **Sonja Kus** aus Vuzenica zur Verfügung gestellt. Es stammt von ihrer Mutter **Marija Šol**, geboren 1929 in Legno pod Pohorjem.

Zvita mulprata

Gefüllter Rindslungenbraten

ZUTATEN (für 6–8 Personen)

1½ kg Lungenbraten (Rinderfilet)
70 g Speck, fein gehackt
1 Ei
1 Zwiebel, gehackt
1 großer gehäufter Esslöffel Butter
500 ml Suppe (Brühe)
½ alte Semmel (Brötchen), gewürfelt
3 gehäufte Esslöffel Sauerrahm
1 gestrichener Teelöffel getrockneter Thymian, Rosmarin, Estragon und Majoran
geriebene Zitronenschale (Bio)
3 Knoblauchzehen, fein gehackt
Schweineschmalz, falls erforderlich

ANMERKUNG
Früher stand dieses Gericht in Kärnten seltener auf dem Speiseplan, und nie bei den Kleinbauern oder der Arbeiterschaft. Auch unter den Bürgerlichen wurde es nur bei Schlachtfesten zubereitet. Sie haben dieses damals noch wertvollere Stück Fleisch stets bis auf den letzten kleinen Bissen genützt und verzehrt.

Das Rezept wurde von **Matilda Prevalnik** aus Prevalje überliefert. **Simon Rožej**, ein Freund aus meiner Kindheit, hat es mir geschickt.

ZUBEREITUNG

Das Fleisch mit einem scharfen Messer von den Sehnen befreien, ggf. in Form bringen und den dünneren Teil 3 Fingerbreit abschneiden. Der Länge nach in der Mitte durchschneiden und aufklappen, sodass ein großes Schnitzel entsteht. Klopfen und mit Salz und der Hälfte der Kräuter einreiben.

Die abgeschnittenen Filetstücke fein hacken. Die Semmelwürfel in Wasser einweichen. Butter in einer Pfanne erhitzen, die Zwiebel und den größten Teil des Specks dazugeben, anbraten und den Knoblauch zufügen, damit er seine Aromen freisetzt. Dann die ausgedrückte Semmel, Sauerrahm und das kleingehackte Fleisch hinzufügen, aufkochen.

Das Ei zu der abgekühlten Masse geben, den Rest der Gewürze, geriebene Zitronenschale und Salz hinzufügen. Auf dem Fleisch verteilen, fest aufrollen und mit Küchengarn zusammenbinden.

Den restlichen Speck und die Fleischrolle in eine tiefe Bratenpfanne geben und mit etwas heißem Schmalz und Suppe übergießen. Abgedeckt anderthalb Stunden garen, anfangs bei höherer Temperatur, dann weiter bei 170 °C. Zwischendurch immer wieder wenden und begießen. Den Braten aus der Pfanne nehmen und zugedeckt warmstellen. Das Fett abschöpfen, den Bratensatz mit Suppe aufgießen und den entstehenden Saft dann über den aufgeschnittenen Braten geben.

Prevlèčena tēlačja/ tēvačja pečenka

Kalbfleisch im Speckmantel, in Butter gebraten

ZUTATEN (für 4–6 Personen)

1 kg Kalbskeule oder Kalbsrücken (am besten ist das Filet, das man bei uns Fischl nennt)
150 g magerer Speck, in dünnen Streifen, so lang und so breit wie möglich
Saft einer großen Zitrone
120 g weiche Butter
Salz
Sonnenblumenöl
200 ml Rindsuppe (Rindsbrühe)
Zahnstocher

ZUBEREITUNG

Einige Stunden vor dem Braten das Fleisch leicht salzen, leicht einölen und in Folie einwickeln.

In einer erhitzten, geölten Pfanne das Fleisch schnell von allen Seiten anbraten und möglichst fest mit dem Speck umwickeln. Ich verwende Zahnstocher zum Fixieren.

Mit Zitronensaft beträufeln und großzügig mit Butter bestreichen. Dann bei 180 °C ins Rohr stellen. Während des Bratens immer wieder mit der entstandenen Flüssigkeit begießen und gelegentlich nach Bedarf Suppe hinzufügen.

Aus dem Bratensaft unter Zugabe von Suppe eine Soße herstellen, die beim Servieren teilweise über die Bratenstücke gegossen wird.

ANMERKUNG
Dieses Rezept wurde im Jahr 1923 niedergeschrieben. Meine Mutter pflegte zu besonderen Anlässen einen Braten auf diese Weise zuzubereiten.

Pêčena svinska kri

Gebackenes Blut: Ein altes Fleischgericht beim Schlachtfest

ZUTATEN (für 6 Personen)

500 ml frisches Schweineblut
200 ml Milch
2 Eier
2 Esslöffel Mehl
1 Zwiebel, in dünne Scheiben geschnitten
Schweineschmalz nach Bedarf
Pfeffer, Salz, Majoran
3 Scheiben Weißbrot, in Würfel geschnitten
1 großer ungeschälter Apfel, vorzugsweise der Sorte Topaz, in Scheiben geschnitten
frische Majoranzweige zum Garnieren

Hinweis: Wer die süß-salzige Kombination nicht mag, kann die Äpfel auch weglassen und stattdessen gekochte Gerste oder Reis hinzufügen. Alternativ kann man auch die Gerste mit Brot kombinieren.

ZUBEREITUNG

Die Zwiebeln in reichlich Schmalz goldgelb anbraten und in eine gut gefettete Auflaufform (ca. 22 × 36 cm) streuen.

Milch, Eier, Salz und Mehl verquirlen, das flüssige Blut hinzufügen und unterarbeiten. Die Gewürze einrühren und in die Auflaufform geben.

Weißbrot und Apfel auf der Masse verteilen, mit der Handfläche leicht andrücken, mit warmem Schweineschmalz beträufeln und in den vorgeheizten Backofen schieben.

Bei 180 °C backen, bis die Masse durchgegart ist. In passende Stücke schneiden und warm essen, allein oder mit Brot, je nach Konsistenz des Gerichts.

ANMERKUNG

Dieses Gericht hat meine Mutter **Marija Kreuh Turnšek** in den 1950er Jahren auf dem Hvalij-Hof in Stražišče bei Prevalje gekocht. Das gebackene Blut wurde bei einem Schlachtfest immer zuerst zubereitet. Noch vor der gerösteten Leber.

Ich mochte das gebackene Blut lieber, wenn es mit Äpfeln versetzt war, meine älteren Brüder Vital und Zimi bevorzugten es mit Gerste oder mit Brot. Einige mögen es, gebratenen gehackten Knoblauch mit in das Gericht zu geben, aber dann kann der Knoblauch sehr leicht überwiegen.

Žúpe, rihta na žlico

SUPPEN UND EINTÖPFE

Erdapfelsuppe mit Gundelrebe, gebratenen Schweinsschwarten und Kärntner Brot
Suppe von gekochtem Selchfleisch
Großmutters Topf: Ein dicker Eintopf mit verschiedenen Fleischsorten, Rollgerste, Erdäpfeln und Pilzen
Saure Suppe aus Schweinsfüßen, Kutteln, Gemüse und Apfelessig
Frühlingserbsensuppe
Gelbe Suppe mit gedämpfter Lebereinlage
Pilzsuppentopf mit Gundelrebe

EINE KULINARISCHE SPEZIALITÄT DER REGION KOROŠKA

Povojček

Die Gundelrebe, ein altes Kraut aus Kärnten

Das Kraut hat mehrere Namen: In der Region Koroška heißt es *povojček*, lateinisch *Glechoma hederacea*, auf Deutsch Gundelrebe oder auch Gundermann. Es wurde von den Kärntner Hausfrauen schon vor mehr als hundert Jahren verwendet, ging aber später in der Flut moderner Gewürze leider verloren. Jetzt erlebt es ein großes Comeback als Zusatz in Suppen (wo es seinen intensiven Geruch verliert), in Salaten, Brotaufstrichen, als Gewürz und vieles mehr.

Die Gundelrebe ist eine sehr alte traditionelle Heilpflanze, die vielerorts als Unkraut wächst und im Frühjahr bläuliche Blüten trägt. Sie regt den Appetit an, verbessert die Verdauung und fördert die Aufnahme von Nährstoffen in den Blutkreislauf. Sie ist reich an Gerbstoffen, ätherischen Ölen, Bitterstoffen, Harzen, Kieselsäure und Vitamin C. Sie wird auch für medizinische Zwecke verwendet, zum Beispiel bei Husten, zur Wundheilung oder bei Magensäuremangel.

Quellen und Gesprächspartner:
Verein Povojček, Majda Horjak, Erika Plešivčnik, Danica Hudrap

86

R'pičova žúpa s povòjcko in pêčenimi kožami

Erdäpfelsuppe mit Gundelrebe, gebratenen Schweinsschwarten und Kärntner Brot

ZUTATEN (für 10 Personen)

500 g Schweinsschwarte vom Rücken, in Quadrate von max. 2 × 2 cm geschnitten
3 l Wasser
1 kg Erdäpfel, geschält und in kleine Würfel geschnitten
3 gehäufte Esslöffel Grammeln
2 mittelgroße Zwiebeln, fein gewürfelt
2 gestrichene Esslöffel Mehl
Salz und Pfeffer nach Geschmack
1 Handvoll Blätter der Gundelrebe (s. Seite 85) und ganze Zweige zur Dekoration
250 g Roggenbrot, mindestens drei Tage alt, in dünne, kleine Scheiben geschnitten

ZUBEREITUNG

Die Schwarte leicht salzen und mit einem scharfen Messer oder einer Schere in ca. 1½ cm breite Streifen schneiden und im Rohr bei 220 °C trocken rösten, bis sie blasig und knusprig ist.

Die geröstete Schweinsschwarte und die Erdäpfel in Salzwasser kochen, bis die Schwarte weich ist.

Die Grammeln separat erhitzen, die Zwiebeln dazugeben und anbraten. Dann das Mehl dazugeben und braten, bis es leicht Farbe annimmt. Diese Einbrenn in die Suppe geben und kurz köcheln lassen. Pfeffern, Gundelrebe hinzufügen und kurz aufkochen.

Die Suppe mit der Schwarte in tiefe Teller schöpfen und die Schwarzbrotscheiben in die Suppe legen. Die Suppe mit etwas frischer, grob gehackter Gundelrebe garnieren und einen kleinen Zweig zur Dekoration auf den Tellerrand legen.

ANMERKUNG

Nach dem Originalrezept des bekannten, inzwischen verstorbenen Musikers **Lampreč-Gustl** aus Ravne na Koroškem (Gutenstein) (August Kokal, geboren 1913). Von diesem Gericht hat seine Tochter **Majda Horjak** aus Kotlje sehr geschwärmt. Das Rezept hat sie mir freundlicherweise überlassen.

Mojca

Erwähnenswert
Die Erdäpfelsuppe, die nach diesem Rezept gekocht wurde, gewann im Mai 2016 den Wettbewerb »Kochen mit Mojca Mavec« in der Sendung »*Dobro jutro*« von TV Slovenija.

Vor dem Servieren der Wettbewerbssuppe habe ich der Jury kleine Brotherzen mit typischem Kärntner Topfen und Kürbiskernöl und roten Zwiebeln angeboten (siehe Seite 117). Und natürlich einen kleinen Schluck unseres typischen Schwarzbeerschnapses, eine Spirituose, für die mehr als zwanzig Kilogramm Schwarzbeeren benötigt werden, um daraus einen Liter Schnaps zu brennen (siehe Seite 27).

Gewonnen hat also eine einfache Kärntner *r'píčova žúpa s povòjčko* gegen ein feines Schokoladendessert mit Erdbeeren, zubereitet von zwei Wettbewerberinnen aus der Schlosskonditorei bei Krško.

Es geschah so, wie es in dem berühmten, volkstümlichen Lied aus der Region Koroška mit dem Titel »*KOROŠKA PESEM – Za mušt'r*« (»Kärntner Lied – Zum Vorbild«) heißt:

Wir Kärntner dienten seit jeher
and'ren zum Vorbild.
Ach, Waisenkind, vergiss deine Sorgen,
sing ein Lied, jauchze, auf ein besseres Morgen!

Geschrieben wurde es von **Mitja Šipek**, einem *Korošec* mit Künstlerseele, vertont von Albin Krajnc, einem Chorleiter, Sänger und Komponisten, interpretiert vom beliebten Liedermacher **Milan Kamnik**, für uns übersetzt von Miran Leydold.

Auch interessant:
Diese einfache *župa* (Suppe) und andere typische Kärntner Gerichte wurden im April 2016 vier Tage lang von hochrangigen Gästen im Restaurant des Hotels Lev in Ljubljana, einem der besten Hotels der Hauptstadt, verkostet. Ich hatte das organisiert und ich musste natürlich die Kräuter (speziell die Gundelrebe) für die Köche besorgen. Natürlich bekamen sie auch meine persönliche Anleitung zur »Kocherei auf Kärntner Art«.

Suha župa

Suppe von gekochtem Selchfleisch

ZUTATEN (für 6 Personen)

1 kg Selchfleisch
1½–2 l kochend heißes Wasser
Suppengrün (Karotte, Wurzelpetersilie mit Grün, Knollensellerie)
Knoblauch und Zwiebel
1–2 Lorbeerblätter
ganzer Pfeffer, Salz
grob gehackte Petersilie zum Garnieren
6 kleine Scheiben Roggenbrot

ZUBEREITUNG

Das gut gewaschene Fleisch, das geputzte Gemüse und die Gewürze in kochend heißes Wasser geben.

Das Fleisch so viele Stunden kochen, wie es Kilo hat. Ein Beispiel: 1 Kilo Fleisch wird 1 Stunde lang gekocht, wenn es schwerer ist, entsprechend viele Minuten länger.

Das gekochte Fleisch aus dem Topf nehmen und die Suppe abseihen. Gegebenenfalls mit Salz abschmecken. Das Suppengemüse in die klare Suppe schneiden, mit Petersilie bestreuen und mit einer Scheibe Roggenbrot servieren.

ANMERKUNG
Mira Juhart teilte dieses Rezept mit mir: »Heutzutage gießen die meisten Hausfrauen diese Art von Suppen weg. Früher wurden alle Zutaten immer sorgfältig verwendet, nicht nur aus Gründen der Knappheit, sondern auch aus Respekt vor den Tieren. So hat es mir bereits meine Oma **Frančiška Babin** beigebracht.«

Omin piskr

Großmutters Topf: Ein dicker Eintopf mit verschiedenen Fleischsorten, Rollgerste, Erdäpfeln und Pilzen

ZUTATEN (für 6–8 Personen)

500 g Fleisch ohne Knochen, gemischt vom Rind, Kalb und Schwein, es kann auch Ziegen-, Schaf- und Geflügelfleisch verwendet werden
100 g geräucherter Speck, in Würfel geschnitten
150 g Zwiebeln, gehackt
Knoblauch, gehackt
100 g Rollgerste (Graupen)
200 g frische gemischte Pilze (oder nur Steinpilze)
ca. 2 l Wasser oder Suppe (Brühe)
200 g Erdäpfel, geschält und gewürfelt
80 g Schweineschmalz zum Braten
Apfelessig
Thymian, Bohnenkraut, Majoran, gemahlener Kümmel, grob gehackte Petersilie
Salz, Pfeffer

ZUBEREITUNG

Die Zubereitung dauert mindestens 3 Stunden.

Die gehackten Zwiebeln kurz im Schweineschmalz anbraten, den geräucherten Speck und das in Würfel geschnittene Rindfleisch dazugeben und mit einem Esslöffel Essig und Wasser etwa eine halbe Stunde lang garen.

Die Flüssigkeit verdampfen lassen, dann das in Scheiben geschnittene Kalb- oder Schweinefleisch und auch das Fleisch des Geflügels und die frischen Pilze hinzufügen. Kurz braten, bis das Fleisch stockt und die Pilze angenehm duften. Dann den gehackten Knoblauch und die Rollgerste sowie die Gewürze hinzufügen, mit ca. 2 Liter Wasser (oder Suppe) aufgießen, salzen und 1 Stunde köcheln lassen. Während des Kochens nach Bedarf Wasser hinzufügen.

20 Minuten vor dem Servieren (testen, ob das Fleisch zart ist) die Erdäpfel hinzufügen. Wenn die Erdäpfel weich sind, den Eintopf mit Salz und Pfeffer aus der Mühle würzen, mit gehackter Petersilie bestreuen und Apfelessig dazu anbieten, damit die Gäste das Gericht nach ihrem Geschmack würzen können.

ANMERKUNG

Dies ist ein einfaches Rezept von »**Oma Katica**«, **Katarina Šauc Viher**. Ihre Enkelin **Anuška Viher** hat es mir gegeben und bereitet das Gericht auf dem Ferienhof Hiša Viher in Vuzenica auch heute noch nach diesem Rezept zu.

Saure Suppe aus Schweinsfüßen, Kutteln, Gemüse und Apfelessig

ZUTATEN (für 8 Personen)

500 g Schweinskutteln (Kaldaunen), gekocht und in ca. 5 cm lange schmale Streifen geschnitten
1 kg geputzte Schweinsfüße und -schwänze, in ca. 3 cm lange Stücke geschnitten
ca. 2 l Wasser
1 kleine Sellerieknolle, in kleine Würfel geschnitten
Sellerieblätter, teilweise gehackt für die Suppe, teilweise für die Dekoration
1 Zwiebel, mittelgroß, fein gehackt
1 Lorbeerblatt, Majoran
frisch gemahlener schwarzer Pfeffer
2 Esslöffel Schweineschmalz, falls gewünscht Grammeln
2–3 Esslöffel Mehl (nach Bedarf)
Salz, Apfelessig

ANMERKUNG

Eine solche *k'séva župa* wurde von dem bekannten **Lampreč-Gustl** zubereitet. Seine Tochter **Majda Horja**k aus Kotlje hat mir erzählt, wie er das gemacht hat, und mir lief dabei das Wasser im Mund zusammen.

Ich erinnerte mich auch an das alte Gasthaus Brančurnik in Prevalje, das eine sehr lange Tradition hat. Bei unseren Besuchen in Kärnten waren wir immer wegen der göttlichen *k'séva župa* und der Schaumrollen dort …

Interessanterweise sind Suppen und Eintöpfe in diesem Land ethnologisch gesehen jüngeren Datums. Ihre Entstehung und Vielfalt wurde von der bürgerlichen Küche beeinflusst.

ZUBEREITUNG

Die Kutteln selbst reinigen und viele Stunden kochen oder vorgekocht kaufen. Schweinsfüße und Schwänze in einem großen Topf mit Wasser bei schwacher Hitze etwa eineinhalb Stunden kochen. Gegen Ende der Garzeit die vorgekochten Kutteln und Lorbeerblätter hinzufügen, kurz darauf den Sellerie, die restlichen Gewürze und den Essig.

Die Zwiebel in Schmalz anbraten, das Mehl dazugeben und leicht goldbraun braten (es darf nicht dunkel werden). In die Suppe geben und diese köcheln lassen, bis alles weich ist. Wenn die Suppe nicht dick genug wird, etwas mehr Einbrenn hinzufügen.

In tiefen Tellern anrichten und mit ein paar gehackten Sellerieblättern garnieren (Sellerie hat einen intensiven Geschmack). Mit Weizen- oder Heidengermknödeln oder auch Sterz servieren (s. etwa Seiten 57 oder 53). Die Beilage muss großzügig mit Schmalz und/oder Grammeln abgeschmalzt werden.

Diese Suppe ist als wirksames Mittel gegen einen lästigen Kater nach einer durchzechten Nacht bekannt.

Vigredna grahova župa

Frühlingserbsensuppe

ZUTATEN (für 6 Personen)

400 g frische oder tiefgefrorene Erbsen
je 1 kleines Stück Knollensellerie und Wurzelpetersilie
1½ l Wasser
Salz
zerdrückter Knoblauch
1 Esslöffel Butter
1 Esslöffel Mehl
½ Esslöffel Kerbel oder Petersilie, gehackt

ZUBEREITUNG

Das Gemüse in Salzwasser kochen, abgießen und pürieren. Beim Abgießen einen Teil des Suppenwassers aufbewahren.

In einer Pfanne Butter schmelzen, das Mehl untermischen und leicht anrösten. Etwas Suppe dazugeben und verrühren, dann zu den pürierten Erbsen geben. Den Knoblauch und den Kerbel hinzufügen.

Mit Schnittlauch-Struckel (s. Seite 67) servieren.

ANMERKUNG
Dies ist ein altes Rezept der Hausfrau **Franja Štern Ladinik**. Es wurde mir von ihrer Tochter **Daniela Ladinik Čehovin** weitergegeben.

Alte Rezepte zu entdecken, kann eine großartige Erfahrung sein. Ich habe zum Beispiel Frau Ladiniks ziemlich ramponiertes altes Manuskript mit ausgezeichneten Rezepten in ein ordentliches kleines Buch gebunden und es ihrer Tochter geschenkt. Sie war mehr als erfreut über dieses Geschenk.

R'mena župa z jetrnim kohom

Gelbe Suppe mit gedämpfter Lebereinlage

ZUTATEN (für 10 Personen)

2 Esslöffel Butter
1 große Karotte
1 Viertel einer Zwiebel
1 Stück Knollensellerie
Petersilienwurzel
½ Semmel
3 l Gemüsesuppe (Gemüsebrühe)
1 paar schwarze Pfefferkörner
Muskatblüten, gemahlen

Leberkoch (gedämpfte Lebereinlage)
120 g Butter
3 Eigelb und 3 Eiweiß für den Schnee
3 Semmeln, in Milch eingeweicht und ausgedrückt
350 g geschabte Leber
1 Esslöffel gehackte Zwiebel
1 Esslöffel Schweineschmalz
Petersilie, Salz und Pfeffer
Semmelbrösel, um die Dämpfform zu bestreuen
Gerät oder Einsatz zum Dämpfen
Majoran (vorzugsweise frisch), gehackt

ANMERKUNG
Dies ist ein altes Rezept der großen Köchin und Hausfrau des Kumer-Hofes, **Ančka Kumer**. Diese Familie ist sehr slowenisch engagiert. Sie hat ein Original der slowenischen Bibelübersetzung von Jurij Dalmatin aus dem Jahr 1584, das auf dem Dachboden des Hofes gefunden wurde, der Kärntner Dr.-Franc-Sušnik-Zentralbibliothek in Ravne na Koroškem geschenkt.

Das Rezept wurde mir von **Greta Jukič** aus Prevalje zur Verfügung gestellt.

ZUBEREITUNG

Das in Stückchen geschnittene Gemüse und die Semmel in der heißen Butter goldgelb anrösten und mit der Suppe aufgießen. Pfeffer und Muskatblüte hinzufügen, die der Suppe eine rosa-orange Färbung verleiht. Mit Salz abschmecken. Abseihen und mit der Lebereinlage servieren.

Lebereinlage
Die Zwiebel in Schmalz anbraten. Butter und Eigelbe verquirlen. Alle anderen Zutaten außer dem Eiweiß vorsichtig unterrühren. Den Eischnee steif schlagen und vorsichtig unter die Masse heben. Die Dämpfform einfetten, mit Semmelbröseln bestreuen und mit der vorbereiteten Masse füllen. Mindestens eine halbe Stunde dämpfen, vorsichtig auf eine flache Oberfläche stürzen, zerteilen und in der Suppe auf den Tellern anrichten. Mit frischem Majoran garnieren.

Kastróla gobove žúpe s povójčko

Pilzsuppentopf mit Gundelrebe

ZUTATEN (für 6 Personen)

700 g gemischte frische Pilze
1 Esslöffel gehackte Petersilie und Majoran
1 Bund des typischen Kärntner Krauts *povojček* (Gundelrebe, s. Seite 85), teils grob gehackt, teils in ganzen Blättern
3 Knoblauchzehen, gehackt
Pfeffer, frisch gemahlen
1–2 Esslöffel Mehl
1½–2 l Gemüse- oder Hühnerfond
1 Eigelb
2 Esslöffel Sauerrahm
100 ml ausgezeichneter Kärntner Apfelmost oder Weißwein
1 alte Semmel, in kleine Würfel geschnitten
1 Esslöffel Butter (für die gerösteten Brotwürfel)

ZUBEREITUNG

Die geputzte Pilzmischung in dünne Blätter schneiden und unter gelegentlichem Rühren in Butter dünsten. Petersilie, Majoran, die Hälfte der gehackten Gundelrebe, Knoblauch und Pfeffer hinzufügen. Wenn die Flüssigkeit verdampft ist, leicht bemehlen, umrühren, mit dem Fond aufgießen und unter Rühren kurz kochen lassen.

In der Zwischenzeit die Semmelwürfel in Butter goldgelb rösten. Kurz vor dem Servieren den mit dem Eigelb glattgerührten Sauerrahm in die kochende Suppe rühren. Einige geröstete Semmelwürfel auf die vorbereiteten Teller geben, die Suppe darüber gießen und mit ein wenig der gehackten Gundelrebe bestreuen. Da und dort sollte ein ganzes Blatt der Gundelrebe sichtbar sein.

Die Zubereitung der Suppe ist einfach und das Gericht ist sehr schmackhaft. Wenn es als Vorspeise serviert wird, weniger Semmelwürfel hinzufügen. Wenn die Suppe reichhaltiger sein soll, geben Sie mehr Semmelwürfel, etwas mehr Mehl beim Kochen und zwei ganze, verquirlte Eier dazu.

ANMERKUNG
Das Rezept für diese Pilzsuppe ist fast 120 Jahre alt und stammt aus dem Kochbuch von **Minka Vasič Govekar**. Das Rezept, nach dem sie selbst noch immer gerne kocht, wurde mir von **Anuška Viher** aus Vuzenica zur Verfügung gestellt.

Zósi, zelenava (bozáva/bošnáva) in sováte

SOSSEN*, GEMÜSE UND SALATE

Gelbe-Rüben-Soße
Warme Semmelkrensoße
Erdäpfelsoße
Erdäpfellaibchen mit Schnittlauch
Erdäpfelkoch
Gebratene Zwiebeln mit Eiern
Strankerln, mit Grammeln abgemacht
Salat vom Schwarzen Rettich
Warmer Endiviensalat mit Grammeln und Erdäpfeln
Kärntner Topfen mit roten Zwiebeln und Kürbiskernöl
Gedünstetes Kraut
Geröstete Gurken auf Kärntner Art
Wintersalat mit Trieben der Weißen Rübe

* Der Dialektbegriff *zós* hat denselben Wortstamm und wird genauso gesprochen wie die österreichische Soß(e), er bezeichnet aber nicht ganz das Gleiche: Die beliebten *zósi* sind eine alte Kärntner Spezialität, die eher die Konsistenz eines Stampfs, eines Breis oder Pürees haben.

Lesnikov ésih

Aromatischer Holzapfelessig

Lesnike heißen die wilden Holzapfelbäume, die auch in der Region Koroška wachsen. Ihre Früchte sind noch immer sehr beliebt. Es sind urwüchsige, hochstämmige Bäume, deren Früchte ziemlich klein, grün oder rot und säuerlich-herb sind und ein sehr intensives Aroma haben.

Man presst den Saft der Holzäpfel aus, kann sie auch mit anderen hoch- oder halbstämmigen Apfelsorten ergänzen. Der Saft wird zum Gären gebracht, woraus der Most entsteht. Dieser wird zum Essigmachen in Eichenfässer umgefüllt und muss darin mindestens zwei Jahre lang reifen.

Holzapfelessig ist aromatisch und in Kärnten noch geschätzter als der klassische Apfelessig. Er zeichnet sich auch dadurch aus, dass er viel Kalium enthält, reich an Mineralien und Vitaminen ist und den Cholesterinspiegel reguliert.

Quellen und Gesprächspartner:
Simon Rožej, Bauernhof Meležnik, Bauernhof Pogač, Danica Hudrap

Korêjov zós

Gelbe-Rüben-Soße

ZUTATEN (für 4–6 Personen)

500 g mehlig kochende Erdäpfel, sehr weich gekocht
500 g gelbe Rüben (gelbe Karotten)
Schweineschmalz
Zwiebel
Mehl
Grammeln oder Schweinsschwarten
Salz

ZUBEREITUNG

Die geschälten Erdäpfel und die geputzten Rüben in Stücke schneiden und diese zusammen in einer kleinen Menge leicht gesalzenen Wassers sehr weich kochen. Das Wasser teilweise abgießen und die Erdäpfel und Rüben mit einem Stabmixer kurz zu einer dicken, püreeartigen Soße mixen, die gerade dick genug ist. Einzelne Rübenstücke sollten noch teilweise erhalten bleiben.

Eine Einbrenn aus Schmalz, Zwiebeln und Mehl zubereiten und zur Soße geben, kurz mitkochen und mit den Grammeln abschmecken. Gegebenenfalls mit Salz würzen.

ANMERKUNG
Diese typische Kärntner Soße wurde auch in Libeliče zubereitet und ist in Brigita Rajšters und Lilijana Medveds Kochbuch »*Libeliška kuharica*« beschrieben.

Historisch gesehen stammt die gelbe Rübe aus dem heutigen Afghanistan, wo sie bereits vor 5.000 Jahren angebaut wurde. Es gibt sie in den Farben Weiß, Gelb, Rot, Lila und Orange. Zu Zeiten unserer Mütter und Großmütter wurden vor allem weiße und gelbe Rüben verwendet, inzwischen kann man wieder Karotten in den verschiedenen Farben kaufen. Die heute am meisten verbreitete orangefarbene Karotte enthält jedoch viel mehr Carotinoid als alle anderen.

Karotten gelten als schützende Nahrung.

Hrenov zós

Warme Semmelkrensoße

ZUTATEN (für 4 Personen)

2–3 Esslöffel fein geriebener frischer Kren (Meerrettich)
150 ml warme Fleischsuppe (Fleischbrühe)
2 Semmeln
1 Esslöffel Apfelessig
Salz

ZUBEREITUNG

Die alten Semmeln in kleine Würfel schneiden, mit der warmen Suppe übergießen und kurz aufkochen. Mit Essig, Salz und dem geriebenen Kren abschmecken. Die Masse soll dickflüssig sein.

ANMERKUNG

Diese Soße ist eine der beliebtesten *zósi* der Region Koroška und ein Muss bei einem typischen Sonntagsessen. **Majda Horjak** aus Kotlje zeigte mir, wie dieses Gericht zubereitet wird.

Sie war die erste Person, die mich an ihrem reichen Wissen über alte Kärntner Gerichte teilhaben ließ und weckte viele Erinnerungen an die alten Familiengerichte unserer Mütter und Großmütter.

R'pičov zós

Erdäpfelsoße

ZUTATEN (für 4 Personen)

8 mittelgroße, mehlig kochende, geschälte Erdäpfel
2 Esslöffel Mehl
3 Esslöffel Schweineschmalz
ein wenig gemahlener süßer Paprika
2 Lorbeerblätter, Majoran
Salz
Wasser
gewürfelte Essiggurke,
mindestens 1 Esslöffel pro Person

ZUBEREITUNG

Die Erdäpfel in Würfel schneiden. Wasser über die Erdäpfel gießen, sodass die Flüssigkeit zwei Finger breit über den Erdäpfeln steht. Zwei Lorbeerblätter hinzufügen, mit Salz abschmecken und kochen.

Wenn die Erdäpfel gar sind, in einer separaten Pfanne eine Einbrenn mit Schmalz und Mehl zubereiten, Majoran und schließlich den süßen Paprika hinzufügen.

Die Lorbeerblätter und einen Teil des Kochwassers entfernen, die Erdäpfel zur Einbrenn geben und alles zusammen mit der Hand stampfen. Weitere 10 Minuten kochen lassen, bis die Masse eindickt. Wenn sie zu dickflüssig wird, etwas Erdäpfelwasser hinzufügen und nochmals kurz aufkochen.

Die Essiggurken mit der Erdäpfelsoße und Fleisch auf einem Teller anrichten und servieren.

ANMERKUNG
Dies ist ein einfaches Rezept von »**Oma Katica**«, **Katarina Šauc Viher**. Ihre Enkelin **Anuška Viher**, von der ich das Rezept habe, kocht noch immer danach auf ihrem Ferienhof Hiša Viher in Vuzenica.

Nach dem Zweiten Weltkrieg wurde dem Gericht eine Gewürzmischung namens *Vegeta* zugesetzt.

R'pičevi šniclni s šnittahom

Erdäpfellaibchen mit Schnittlauch

ZUTATEN (für 4–6 Personen)

500 g Erdäpfel, ungeschält
½ Esslöffel Butter
1 Ei
1 Esslöffel Sauerrahm
½ Bund gehackter Schnittlauch
2–4 Esslöffel Semmelbrösel
2–3 Esslöffel fein gehackte Zwiebel
Salz
zum Frittieren Schweineschmalz

ANMERKUNG
Das Rezept stammt von **Maria Šol**, die 1929 in Legen pod Pohorjem als ältestes von 16 Kindern geboren wurde. Später lebte sie mit ihrer Familie in Vuzenica, wo sie Kochkurse organisierte, die für die damalige Zeit sehr fortschrittlich waren. Sie war auch eine bekannte Sängerin. Die überlieferten Rezepte wurden mir von ihrer Tochter **Sonja Kus** aus Vuzenica zur Verfügung gestellt.

ZUBEREITUNG

Die Erdäpfel kochen, schälen, stampfen und in einer Schüssel sofort mit der Butter vermischen. Salz, Sauerrahm und Zwiebel hinzufügen. Solange die Mischung noch lauwarm ist, das Ei und den Schnittlauch dazugeben. Zu fingerdicken, nicht zu großen Laibchen formen, in Semmelbröseln wälzen und in heißem Fett ausbacken. Zum Entfetten auf Papierservietten legen und warmhalten.

MEIN ZWEITES HEIM

Vuzenica, mein zweites Heim,
hier leb' ich, glücklich, da zu sein.
Die Menschen sind gütig, und freundlich zu mir,
das wahre Glück, das find' ich hier.

Ein ruhiger Ort, im Tal ist's schön,
Äcker und Auen in sattem Grün.
Bewaldeten Hügeln liegt er zu Füßen
wo Vöglein singen, uns freundlich grüßen.

Autorin: **Marija Šol**
Übersetzung: Miran Leydold

Erdäpfelkoch (Gebackene Erdäpfelbeilage)

ZUTATEN (für 6–8 Personen)

7 mittelgroße Erdäpfel
100 g und 2 Esslöffel Butter
3 Eier
3 Esslöffel Semmelbrösel
Weizenmehl nach Bedarf
Salz

ZUBEREITUNG

Die Erdäpfel kochen, schälen und durch eine Erdäpfelpresse drücken oder fein stampfen.

Die Butter verquirlen, die Eigelbe und das Salz hinzufügen. Das Eiweiß aufschlagen und alles unter die Erdäpfelmasse heben. Die Semmelbrösel und so viel Mehl zugeben, dass ein leichter Teig entsteht.

In einer gut gefetteten Backform verteilen und die gesamte Oberfläche mit 2 Esslöffeln flüssiger Butter begießen und im Rohr bei 180 °C goldbraun backen. Mit einem Spatel in ungleichmäßige Stücke teilen und als Beilage oder mit einem Salat servieren.

ANMERKUNG

Diese Beilage war kein alltägliches Gericht, sondern wurde nur zu besonderen Anlässen zubereitet, da sie viel Zeit in Anspruch nimmt.

Nach diesem Rezept kochte **Matilda Prevaln**ik, Hausherrin am Čuješ-Hof in Prevalje.

Pêčen čebú z jajcami

Gebratene Zwiebeln mit Eiern

ZUTATEN (pro Person)

1½ kleine Zwiebeln
Schmalz mit Grammeln
Salz
1–2 Eier
Roggenbrotscheiben

ZUBEREITUNG

Die Zwiebeln schälen, durchschneiden, die Hälften in Scheiben schneiden und diese vierteln. Das Schmalz mit den Grammeln in einer Pfanne erhitzen und die Zwiebeln darin leicht anbraten und salzen.

Die Pfanne mit einem Deckel zudecken, vom Herd nehmen, das Gericht nachwürzen und einige Zeit stehenlassen. Mit einem Stück Roggenbrot anbieten.

Mit ein oder zwei Eiern untergemischt wurde die gebratene Zwiebel zu einer ganz besonderen Delikatesse.

ANMERKUNG

Pečen čebú war ein beliebtes Frühstücksgericht. Die Ehefrauen bereiteten es für die Bergleute des Bergwerks von Mežica vor. Sie boten es mit einem Stück Schwarzbrot und schwarzem Getreidekaffee an, bevor die Männer zur Arbeit gingen. Ein roher Zwiebelsalat stand auch oft auf der Speisekarte. Frisch aufgeschnitten wurde er gesalzen und einige Zeit stehengelassen, damit er zusammenfiel, dann wurde er mit Kürbiskernöl und Essig abgemacht.

Das Rezept stammt aus dem Buch »*Knapovška košta*« (»Bergmannskost«) von Brigita Rajšter, Rudnik svinca in cinka Mežica v zapiranju 2003.

Štránklni z grúmpam g'r nareti

Strankerln, mit Grammeln abgemacht

ZUTATEN (für 4 Personen, als Beilage)

500 g junge Strankerln (Fisolen, grüne Bohnen)
3 Esslöffel Grammeln mit Schmalz
nach Wunsch 1 großer Löffel Sauerrahm
Salz und frischer Pfeffer nach Geschmack

ZUBEREITUNG

Die jungen und geputzten Strankerln ohne Fäden in heißes Salzwasser geben, kochen. Nach etwa einer halben Stunde prüfen, ob sie gar sind.

Das Schmalz mit den Grammeln erhitzen und über die abgetropften, gekochten Strankerln gießen. Nach Belieben einen Löffel Sauerrahm hinzufügen.

ANMERKUNG

Das Rezept stammt von **Mira Juhart**: »So hat mir meine Oma **Frančiška Babin** das Kochen beigebracht.«

Strankerln sind reich an Eiweiß, Stärke und Mineralstoffen. Heute gelten sie als einer der Fleischersatzstoffe in der vegetarischen Küche.

Früher nannte man sie »Fleisch des armen Mannes«. Strankerln sind bei uns erst seit Ende des 17. Jahrhunderts bekannt.

Črna rètku u sováti

Salat vom Schwarzen Rettich

ZUTATEN (für 4–6 Personen)

mittelgroße Schwarze Rettiche, etwa 300 g
Salz, Apfelessig, Kürbiskernöl
100–150 g gekochte Bohnen

ZUBEREITUNG

Die Rettiche schälen und in dünne Streifen schneiden, Salz, Öl, Essig und Bohnen hinzufügen. Den Salat vor dem Servieren ruhen lassen, damit der Rettich das Dressing aufsaugen kann.

ANMERKUNG
Das Rezept wurde oft von meiner Mutter **Marija Kreuh Turnšek** verwendet.

Dieser Salat ist erfrischend und leicht pikant, er wird hauptsächlich mit Fleischgerichten kombiniert. Bei Kindern ist er übrigens meistens nicht sehr beliebt.

Špehôva tifa

Warmer Endiviensalat mit Grammeln und Erdäpfeln

ZUTATEN (für 6 Personen)

3 mittelgroße mehlig kochende Erdäpfel
1 großer Kopf Endiviensalat
ca. 100 ml Apfelessig und 100 ml Wasser (abhängig von der Stärke des Essigs und Ihrem Geschmack)
3–4 Esslöffel Grammeln
1 Teelöffel Mehl
Salz

ZUBEREITUNG

Die Erdäpfel kochen, schälen, in dünne Scheiben schneiden und noch warm weiterverarbeiten.

Die gewaschenen Endivienblätter in Streifen schneiden. Die Grammeln erhitzen, Mehl dazugeben, unter Rühren leicht anrösten und mit Apfelessig und Wasser aufgießen.

Die warmen Grammeln und den Endiviensalat in einer großen Schüssel unter die Erdäpfel mischen.

Nach Bedarf salzen, Grammeln sind an sich oft salzig genug.

ANMERKUNG
Ein Rezept meiner Mutter. Dieser Wintersalat ist ziemlich fest und wird durch die warmen Erdäpfel und die Marinade etwas weicher und er bekommt einen vertrauten, heimischen Geschmack.

Koroška skuta z bučnim ólijom

Kärntner Topfen mit roten Zwiebeln und Kürbiskernöl

ZUTATEN (für 6 Personen)

500 g saftiger Topfen (Quark), Vollfettstufe
100 ml Kürbiskernöl guter Qualität
Kärntner Roggenbrot
1 rote Zwiebel
Salz

ZUBEREITUNG

Den gekühlten Topfen leicht salzen, mit dem Löffel Nockerln formen und auf eine kleine Brotscheibe geben oder (für mehrere Personen) auf einem Porzellantablett servieren und Roggenbrotscheiben dazu reichen.

Die rote Zwiebel schälen, in Halbmonde schneiden und zwei oder drei davon auf die Topfennockerln legen, mit Kürbiskernöl beträufeln und sofort mit Roggenbrot servieren. Nach Belieben mit Salz würzen.

ANMERKUNG
Das Rezept stammt aus dem Meža-Tal und wurde mir von dem Studenten **Anže Habjan** während seiner Recherchen nach alten Gerichten überliefert.

Ein Foto dieses Gerichts von **Tomo Jeseničnik** wurde 2010 auf einer slowenischen Briefmarke abgebildet.

Es ist eines der bekanntesten Gerichte der Region Koroška.

Gedünstetes Kraut

ZUTATEN (für 6 Personen)

1½ kg Krautkopf (Weißkohl), etwas breiter geschnitten, wie für einen Salat
2 Esslöffel Schweineschmalz
Suppe (Brühe)
Essig, Salz und Kümmel
1 gestrichener Esslöffel Staubzucker
etwas Mehl

ZUBEREITUNG

Zuerst den Zucker in einer tiefen Pfanne vorsichtig karamellisieren, sodass er nicht anbrennt, sondern nur Farbe annimmt. Eine Mischung aus je 3 Esslöffeln Suppe und Essig, etwas Salz, Kümmel, Schmalz und das Kraut hinzufügen. Zugedeckt köcheln lassen und wenn die Flüssigkeit verschwunden ist, etwas Mehl darüber streuen und kurz anrösten. Mit Suppe aufgießen und köcheln lassen.

Als Beilage oder als Hauptgericht servieren. Erdäpfel in Stücken sind oft ein guter Begleiter.

ANMERKUNG
Dieses Gericht ist in ganz Slowenien bekannt, aber es war schon früher offenbar auch in der Region Koroška beliebt.

Das Rezept stammt von **Matilda Prevalnik** aus Stražišče.

Kraut ist ein sehr altes Lebensmittel. Im Sommer aß man es als frisches Gemüse und im Winter als Sauerkraut. Heute gilt Kraut als schützendes Lebensmittel, da es eine Quelle von Vitaminen, Mineralien und Ballaststoffen ist.

Réstane múrke

Geröstete Gurken auf Kärntner Art

ZUTATEN (für 6 Personen)

4 mittelgroße, geschälte Gurken
5–6 hartgekochte Eier, in Scheiben geschnitten
Apfelessig
1½ Esslöffel Butter
1 kleine, fein gehackte Zwiebel
2 Becher Sauerrahm
Petersilie und Dill, fein gehackt
1 Esslöffel Weizenmehl
Hühnersuppe (Hühnerbrühe) nach Bedarf
Salz und Pfeffer

ANMERKUNG
Das ist ebenfalls ein Rezept der Hausfrau **Matilda Prevalnik**.

Dieses Gericht wurde nicht an Wochentagen gekocht, sondern nur zu besonderen Anlässen. Es ist interessant, lecker, saftig und kalorienreich.

Interessanterweise gehörten laut Experten Gurken neben Kraut und Rüben zu den beliebtesten alten Feldfrüchten. Auch auf unserem Bauernhof haben wir sie oft in verschiedenen Gerichten gegessen.

ZUBEREITUNG

Die Gurken in dünne Scheiben schneiden, mit Salz würzen, kurz einwirken lassen und kräftig ausdrücken. Mit Essig übergießen, einwirken lassen und wieder ausdrücken.

Einen Teil der Butter erhitzen, die Zwiebel, die Gurken und den Dill dazugeben und zugedeckt dünsten. Gelegentlich umrühren.

Einen halben Esslöffel Butter separat erwärmen, das Mehl darin aufschäumen und leicht bräunen, zu den Gurken rühren und vorsichtig mit der Suppe übergießen, einen Esslöffel Sauerrahm dazugeben. Darauf achten, dass die Mischung dickflüssig bleibt.

Sauerrahm, Gurken und Eier abwechselnd in eine mit der restlichen Butter eingefettete Backform schichten. Den Vorgang wiederholen und darauf achten, dass der Sauerrahm die oberste Schicht ist. Dann das Gericht bei 190 °C überbacken.

Das Gericht eignet sich in einer kleineren Portion als Vorspeise und in größeren Portionen auch als Hauptgericht.

Répne cime

Wintersalat mit Trieben der Weißen Rübe

ZUTATEN (für 6 Personen)

8 mittelgroße Erdäpfel, für Salate geeignete Sorte, ungeschält
1 kleine Zwiebel, in dünne Scheiben geschnitten
Salz
6 Esslöffel Apfelessig
6 Esslöffel Kürbiskernöl
1 Tasse gehackte junge Triebe der Weißen Rüben und ein paar ganze Blättchen zur Dekoration

ANMERKUNG

Dieses Rezept kenne ich von zu Hause, von meiner Mutter, die auch **Hvalij-Marica** genannt wurde und unter diesem Namen noch heute manchen Kärntnern bekannt ist. Sie war eine ehrgeizige und vorausschauende Hausfrau, die Besitzerin des Landguts Hvalij in Stražišče nahe Prevalje und eine selbstbewusste *Korošica*. Obwohl wir den Hof und die Region Koroška bereits in den 1950er Jahren verlassen haben, erinnere ich mich gut an viele Gerichte. Meine älteren Brüder Vital und Zimi und teilweise die Aufzeichnungen meiner Mutter haben mir geholfen, diese Gerichte wiederzubeleben.

Es war keine leichte Aufgabe für mich, die Rübentriebe zu holen und in die Küche zu bringen. Die Rüben wurden in einem ziemlich feuchten Kellerraum in der *bajta* (dem Altenteil des Hofes) mit einem sehr kleinen Fenster gelagert. Daher fühlte ich die Triebe mehr, als dass ich sie sah, und ich hatte dabei immer Angst. Ich verstand auch die Begeisterung meiner Mutter für dieses Gericht nicht. Sie sagte, es sei sehr gesund – aber mir brannte jedes Mal der Mund …

ZUBEREITUNG

Die Erdäpfel kochen, schälen und noch warm in Scheiben schneiden (3 mm dick). Sofort den Essig untermischen, der dadurch gut einzieht und die Frische dieses Salats betont. Abkühlen lassen, alle restlichen Zutaten untermischen und ruhen lassen. Die Rübentriebe sind ziemlich scharf, also seien Sie vorsichtig mit der hinzugefügten Menge.

Vor dem Servieren vermengen und nach Geschmack Gewürze dazugeben und mit den ganzen Blättchen der Rübentriebe garnieren. Dieses Gemüse ist sehr mineralstoffreich und wird daher im Winter umso mehr geschätzt.

DARF ICH MICH VORSTELLEN?

Doroteja Omahen, Autorin und Redakteurin

Das Licht der Welt erblickte ich in der Mitte des letzten Jahrhunderts. Ich bin eine *Korošica*, eine slowenische Kärntnerin. Aber ich habe Kärnten mit neun Jahren verlassen und dann in Serbien und Deutschland gelebt. Ich bin eine pensionierte, sehr beschäftigte verheiratete Mutter eines erwachsenen Sohnes, der mit seiner Familie im Ausland lebt. Mein Mann und ich haben alle Kontinente der Welt bereist und Kochen hat mich immer und überall fasziniert, was ich dann immer gerne zu Hause weiter praktiziert habe. Wir leben heute in Ljubljana, bauen in unserem Hausgarten gesundes Gemüse, Kräuter sowie Obst und Blumen an.

Ich bin meinem Mann, Feliks Omahen, sprich *Srečo*, dankbar, dass er immer Verständnis für meine große Liebe zu Koroška hatte. Deshalb widme ich ihm dieses Buch.

Kochen, Fotografieren, Sport (Schwimmen, Skifahren, Langlauf, Schlittschuhlaufen, Radfahren), Reisen, Gartenarbeit, Pilze sammeln, Bergwandern, die Liebe zur Kunst und Kultur sind meine großen Hobbys.

Ich bin ein langjähriges aktives Mitglied und war Vizepräsidentin der slowenischen Internationalen Frauenvereinigung SILA-IWCL (*International Women's Club Ljubljana*), ein Wohlfahrtsverband, für den ich noch immer organisatorisch tätig bin. Ich bin auch Mitglied der internationalen Stiftung *Femmes Sans Frontiers* und seit vielen Jahren Ehrenmitglied und Vizepräsidentin der Pilzkundlichen Gesellschaft in Ljubljana, Leiterin der kulinarischen Sektion, Mitglied der slowenischen Vereinigung der Rosenliebhaber und Mitglied des *Klub koroških Slovencev v Ljubljani* (Klub der Kärntner Slowenen in Ljubljana).

Ich habe Erfahrung in der Redaktion von Büchern und Zeitschriften. Als Mitglied von SILA-IWCL habe ich – als Redakteurin und Projektleiterin sowie unter Beisteuerung zahlreicher Fotografien – zwei Kochbücher (beide über 300 Seiten, auf Englisch und Slowenisch) herausgebracht: »*SILA Flavours of the World*« (2009) und »*SILA Flavours of India*« (2012). Ich habe die Zeitschrift »*Gobe in gobarjenje*« (Pilze und Pilzsammeln) redigiert und dort auch viele meiner eigenen Fotos beigesteuert.

Für das Kochen interessierte ich mich bereits als Mädchen. Meine Mutter Marija Kreuh Turnšek, bekannt als Hvalij-Marica, die Hausherrin des Gutes Hvalij in Stražišče nahe Prevalje, eine selbsbewusste *Korošica*, unterstützte dies nach Kräften. Als Neunjährige habe ich bereits in Abwesenheit meiner Eltern Anisbögen zubereitet. In Serbien konnte ich früh in die Kunst der Balkanküche eintauchen. Während meines mehrjährigen Aufenthaltes in Frankfurt habe ich mich sehr für deutsche und internationale Gerichte begeistert und mich intensiv an deren Zubereitung versucht.

Nach der Rückkehr in meine Heimat habe ich mich bemüht, mehr über die slowenischen Nationalgerichte zu erfahren. Seit mehr als fünf Jahren recherchiere und sammle ich mit großer Begeisterung Rezepte unserer Mütter und Großmütter in der Region Koroška, dem Meža-, Drava- und Mislinja-Tal sowie in den Bergen, oft mit Hilfe von Kärntner Freunden.

Darja Kuhar Kotnik und meiner Verwandten Majda Horjak danke ich für den ersten Anstoß in die kärntnerische kulinarische Richtung, und meine Freundin Bernarda Lasan hat mich ganz besonders zu meinen nächsten Schritten ermutigt und auch sehr bei der Entstehung dieses Buches mitgeholfen.

Offenbar sind die Kärntner Gene in mir wiedererwacht und es wurde einfach Zeit für die »Kochereien der Region Koroška«.

DIE KÄRNTNER ALS VORBILD ODER DAS BUCH DER KÄRNTNER KOCHEREI

Eine Würdigung von E**m. Prof. Dr. Janez Bogataj**, Ethnologe

Generell werden im Bereich der Gastronomie und Esskultur drei grundlegende Ausgangspunkte betont: das lokale und regionale Ernährungserbe, der Respekt vor den Jahreszeiten und eine kurze Lebensmittelversorgungskette. Mit diesen Ausgangspunkten dürften Slowenien und vor allem die Region Koroška keine großen Probleme haben, um Alltags- und Festtagsernährung, Speisen und Tischsitten zu integrieren und vor allem zu verstehen. Aber es scheint, dass noch viel Wasser die Flüsse Meža, Drava und Sava hinunterfließen wird, bevor wir die Stereotypen und das charakteristische slowenische Nörgeln abschütteln und mit der Entwicklung innovativer Inhalte auf der Grundlage lokaler und regionaler Lebensmittel, Gerichte und Getränke eine unverwechselbare Küche kreieren. Unser kulinarisches Erbe birgt außergewöhnliche Möglichkeiten und sollte nicht nur als eine historische Erinnerung an schlechte Zeiten, an Unterentwicklung und schwierige Lebensumstände behandelt werden.

Eine solche Sichtweise ist nur eine Konsequenz unseres modernen (?) Lebens, wenn wir in bequemen Sesseln sitzen und mit Hilfe von Reality-Serien allen möglichen und unmöglichen globalen Nonsens aufnehmen, der leider auch in der Esskultur besonders stark vertreten ist. Es ist wichtig, andere Kulturen kennenzulernen, aber keine globale Vereinheitlichung und Uniformierung auf unseren Tellern! Es sind lokale und regionale Lebensmittel, Speisen und Getränke, die uns signifikante Kreationen ermöglichen, mit der Differenzierung und Vielfalt, die wir kennen, in unserer Nachbarschaft oder in den entferntesten Ländern der Welt.

In Slowenien haben wir relativ spät die Bedeutung und die Möglichkeiten erkannt, die durch unverwechselbare lokale und regionale Esskultur ermöglicht werden. Natürlich nicht, um irgendwelche Ernährungs-»Museen« zu schaffen, sondern um Eigenschaften, Unterschiede, die Verbindungen mit der natürlichen Umwelt und ihren Möglichkeiten und Formen menschlicher und wirtschaftlicher Anstrengung im Bereich der Lebensmittelproduktion und -verarbeitung zu entwickeln. In Slowenien haben wir leider sehr spät eine eigenständige gastronomische Strategie entwickelt. Erst 2006 wurde eine Studie erstellt, die auf unsere Ernährungscharakteristiken abzielt und die Möglichkeiten beschreibt, diese zum Ausdruck zu bringen. So entstand die kulinarische Pyramide, die mit vier ausgewählten Gruppen von Lebensmitteln, Gerichten und Getränken unsere gastronomische Einzigartigkeit in der Gesellschaft der anderen Länder der Welt definiert, die nach diesem Prinzip bereits seit Jahrzehnten ihre Unverwechselbarkeit aufbauen.

»Slowenien schmecken« wurde zum Slogan für ausgewählte Lebensmittel und Gerichte. Er begleitet seitdem alle Aktionen in diesem Bereich. Neben der Pyramide haben wir auch 24 gastronomische Regionen Sloweniens definiert, Gebiete mit typischen und repräsentativen Speisen und Gerichten. Wahrscheinlich haben nicht viele Länder der Welt so viele gastronomische Regionen wie Slowenien, was unsere reiche kulturelle Vielfalt beweist: den Reichtum im Knotenpunkt von Mittelmeer, Alpen, Pannonischer Tiefebene und insbesondere seit dem Ende der Zweiten Weltkrieges auch des benachbarten Balkans.

Zu den 24 Gastronomieregionen gehört auch die Region Koroška, der in Slowenien liegende Teil Kärntens, in der sich etliche typische Speisen und Gerichte konzentrieren. Die repräsentative Auswahl, die zur Förderung der Küche der Region Koroška eingesetzt werden soll, umfasst unter anderem: die *trenta*, den Kärntner Topfen mit Zwiebel und Kürbiskernöl, den Kärntner Semmelkren, *mežerli*, die Kletzennudeln, *povitnek*, Kärntner Grammeln und Kärntner Most. Obwohl Schwarzbeeren in Schnaps den Touristen auf den Bauernhöfen gerade zuerst in der Region Koroška angeboten wurden, ist dies kein Argument für die Aufnahme in diese Liste, da dieser Begrüßungstrunk schon lange auch in anderen gastronomischen Regionen bekannt ist, besonders im alpinen Teil Sloweniens. Auch die Verwendung von Erdäpfeln zur Zubereitung verschiedener Gerichte finden wir in anderen Regionen. Ihre Aufnahme in dieses Buch ist trotzdem völlig gerechtfertigt.

Die Region Koroška ist jene slowenische Region, die oft als die Vergessene bezeichnet wird und am nördlichen Rand des Landes liegt. Sie kann sich rühmen, als eine der ersten einen Überblick über ihre Gastronomie in Buchform bekommen zu haben. Dies waren zwei hervorragende Bücher der Ethnologin Brigita Rajšter: »*Libeliška kuharica*« (2001, unter Mitarbeit von Liljana Medved) und »*Knapovška košta*« (2003). Also gleich zwei Werke für eine Landschaft. In dieser Zeit verfügten andere slowenische Gegenden und gastronomische Regionen noch nicht über solche Übersichten der Ernährungskultur, mit Ausnahme einer anderen Grenzregion, des Prekmurje, des Übermurgebiets, das seit 1947 stolz auf die Doktorarbeit des Ethnologen und Slawisten Prof. Vilko Novak sein darf.

Das Buch »*Kuharija po koroško*« – »Kochereien der Region Koroška« ist daher eine logische Fortsetzung der zu Beginn des neuen Jahrtausends begonnenen Arbeit und beweist, dass ein einzelnes Buch den gesamten Reichtum der lokalen und regionalen Gastronomie nicht abdecken oder ihm genügen kann. Ich glaube, dass es im richtigen Moment in die Bücherregale, aber vor allem zu den Leserinnen und Lesern (!) kommt, da auch Slowenien so langsam aus seinem jahrhundertelangen Schlaf als gastronomisch Unbekannte erwacht.

Seit 2021 ist Slowenien auch gleichberechtigtes Mitglied des neuen europäischen Netzwerks *European Region of Gastronomy*. Darüber hinaus wurden in den letzten Jahren erfolgreich Kollektivmarken nach dem Modell »Ursprünglich slowenisch« entwickelt, die auch Lebensmittel, Speisen und Getränke umfassen. Die Region Koroška gehört noch nicht zu diesen Marken.

Das Buch »*Kuharija po koroško*« – »Kochereien der Region Koroška« bringt »köstliche, aber einfache Speisen (und auch Getränke) unserer Mütter und Großmütter« auf den Tisch. Die Begriffe »köstlich« und insbesondere »einfach« werden in der slowenischen gastronomischen und kulinarischen Literatur ziemlich oft verwendet, obwohl ich glaube, dass alle Gerichte und Getränke köstlich sein können und dass es keine einfachen Gerichte gibt. Sie können also nur unterschiedlich sein. Heute ist diese »ehemalige« Einfachheit ein perfekter Ausgangspunkt für moderne Speisen.

Im Buch werden die einzelnen Gerichte mit Rezepten, Fotos und Geschichten vorgestellt. Besonders hervorzuheben sind die Namen der Gerichte, die zunächst in Kärntner Mundart und dann in der slowenischen Schriftsprache (bzw. in der deutschen Ausgabe auf Deutsch) gehalten sind. Das verleiht dem Buch noch mehr Wert. Freuen dürfen wir uns auch über die Geschichten rund um die Speisen, die für Gastronomen besonders hilfreich sein können, um ihren Gästen individuelle Gerichte zu präsentieren. Die Frage der Geschichten scheint eines der größten Probleme zu sein, wenn es darum geht, lokale und regionale Gerichte anzubieten. Die Auswahl an Speisen und Getränken stammt aus verschiedenen schriftlichen und mündlichen Quellen.

Einige der Gerichte sind natürlich ebenso kärntnerisch wie allgemein slowenisch oder typisch für andere slowenische und sogar europäische Gastronomieregionen, haben aber durch das Kochwissen der Region Koroška und deren Kreativität einen deutlichen Kärntner Charakter bekommen. Gerade in diesem Bereich lässt sich erkennen, dass die Entscheidung für einige Gerichte von slowenischer (und in geringerem Maße österreichischer) Kochliteratur getragen wurde, die auch die Kärntner Kocherei beeinflusste. Das ist nicht weiter schlimm, denn schon unsere Vorfahren haben Kochkünste von anderen Orten mitgebracht und wussten, diese an Werk- und Festtagen anzuwenden. Ein altes Sprichwort sagt: Es ist nicht wichtig zu kopieren, sondern zu kapieren!

»*Kuharija po koroško*« – »Kochereien der Region Koroška« ist daher für jedes Haus, jeden Bauernhof, für jede Stadt oder jedes Dorf, für jede slowenische Gastronomieregion ein gutes Vorbild, dass es für eine moderne kulinarische und gastronomische Unver wechselbarkeit notwendig ist, zunächst die Grundlagen zu erkennen, und da speziell die Verschiedenartigkeit der Werktags- und der Feiertagskost. Gerade aus diesen Verschiedenartigkeiten entsteht die Wiedererkennbarkeit jeder Kocherei, auch jener »*po koroško*« – also auf kärntnerisch.

NACHWORT

Dr. Peter Kamien, Journalist, Autor, Übersetzer

Ich lebe und arbeite nun seit 12 Jahren in Slowenien als Journalist, Autor und Blogger. Im Auftrag der Slowenischen Tourismus Organisation betreibe ich den mit 230.000 Followern größten deutschsprachigen Reiseblog über das Land, »Mein Slowenien«. Die Autorin Doroteja Omahen kenne ich schon, seit ich in Slowenien lebe, und uns verbindet eine gemeinsame Leidenschaft: das Kochen. Als sie mir von ihrem Buch erzählte, war es für mich als Hobbykoch und Journalist, der viel über Slowenien schreibt, schnell klar, dass man dieses Buch auch dem deutschsprachigen Publikum näherbringen sollte. Bei einer von Dorotejas opulenten Einladungen zu einem Abendessen reifte dann bald der Plan, auch eine deutsche Ausgabe vorzubereiten.

Das slowenische Kärnten ist leider ein wenig in Vergessenheit geraten und wird erst jetzt so langsam wiederentdeckt. Das Augenmerk auf die regionale Küche liegt im Trend und so ist es einfach logisch, auch einen Blick auf die interessante Küche dieser Region zu werfen.

Im Gegensatz zum österreichischen Kärnten hat die Küche der Region Koroška ihre Authentizität behalten. Sie hat ihren Ursprung in der bäuerlichen Küche hart arbeitender Menschen, die durch ihre wirtschaftliche Situation meistens auf das angewiesen waren, was je nach Jahreszeit gerade zur Verfügung stand. Die Küche im österreichischen Bundesland Kärnten hat sich dagegen durch italienische und österreichische Einflüsse stark in eine eigene Richtung entwickelt.

Es ist der Charme des Ursprünglichen, des Authentischen, der dieses Buch auszeichnet. Es ist ein etwas anderes Kochbuch mit überlieferten Originalrezepten, das die kärntnerischen Nachbarn in Österreich genau so interessieren sollte wie alle Gäste, die Slowenien und seine Region Koroška als Reiseziel für sich entdeckt haben. Dass man sich dabei auch in die slowenische Küche verliebt, ist fast selbstverständlich. »*Prite jèst! Kommt essen! Kochereien der Region Koroška in Slowenien. Einfache, aber köstliche Gerichte unserer Mütter und Großmütter*« ist ein ideales Souvenir, Mitbringsel oder Geschenk und ein absolutes Schmuckstück in jedem Kochbuchregal, das zum Nachkochen verlockt.

GLOSSAR ÖSTERREICHISCHER KÜCHENBEGRIFFE

in Anlehnung an **Prof. Dr. Heinz-Dieter Pohl**
und seine Veröffentlichungen über die österreichische
und Kärntner Küchensprache

A
Apfelmost – Apfelwein
abschmalzen – mit (Schweine-)Fett übergießen

B
Bockshörndel – Johannisbrot, Karobe
Brein – Grütze, Kascha, das geschälte, nicht vermahlene, sondern nur grob geschnittene Korn (von Buchweizen oder Hirse) als Zutat, ebenso aber das aus ihm zubereitete Gericht
Breinwurst – Wurst mit Zugabe von Grütze

D
Dampfl – Vorteig, Germ- oder Hefeansatz aus wenig Mehl und lauwarmem Wasser oder aus wenig Zucker und lauwarmer Milch

E
Einbrenn – Mehlschwitze
Erdäpfel – Kartoffeln

F
faschieren – durch den Fleischwolf drehen

G
Germ – Hefe
Grammeln – Grieben
Gundelrebe – Gundermann, *Glechoma hederacea*, ein Würz- und Heilkraut

H
Heiden – Haden, Buchweizen
Heidenbrein – geschälter, grob geschnittener Buchweizen, Buchweizengrütze
Heidennudel – Nudel aus Buchweizenmehl, siehe Struckel
Heidensterz – Sterz aus Buchweizenmehl, siehe Sterz
Hirsebrein – geschälte, grob geschnittene Hirse, Hirsegrütze

K
Kletzen – Dörrbirnen, getrocknete Birnen
Kraut – Weißkraut, Weißkohl
Kren – Meerrettich
Kutteln – Kaldaunen, Pansen, hier auch Schweinemagen

L
Laibchen – kleiner runder Laib, Gebäck oder Bratling, z. B. Frikadelle

M
Maischerl – Netzlaibchen aus Innereien vom Schwein, bayr. Saumaise
Most – Apfelmost, Apfelwein

N
Nockerl – rundliche Klößchen mit einem Löffel aus einer Masse gestochen, z. B. Gnocchi
Nudel – Teigtasche, gefüllt, z. B. mit Dörrbirnen (Kletzennudel)

P

Potitzen, Potizen – siehe Reindling

R

Rahm – (süße) Sahne
Reindling, auch Reinling (slow. *potica*, *pogača*, auch *pohača*, *šarkelj* oder *šarkl*, auch *šartelj*) – gerollter Germteigkuchen mit unterschiedlichen Füllungen, u. a. aus Rosinen, Zimt, Walnüssen und Zucker oder Honig, auch aus Kletzen, Bockshörndelmehl, frischem Bertram (Estragon), gebacken in der runden Rein, in der Guglhupf- oder auch in der Kastenform. Manchmal hat der Kuchen in Langform eine (überbrühte) Nuss- oder Mohnfülle und ist in Österreich als Nuss- oder Mohnpotitze bekannt.
Rohr – (Back-)Ofen
Rollgerste – Graupen, geschälte und polierte Gerstenkörner

S

Sauerrahm – saure Sahne
Scherzel – Brotanschnitt, Kanten, Knust
Schmarren – süße Mehlspeise
Schwarzbeeren – Heidelbeeren, Blaubeeren
Selchfleisch – gepökeltes und geräuchertes Fleisch
Selchspeck – geräucherter Speck
Semmel – Brötchen
Staubzucker – Puderzucker
Sterz – Polenta, einfache Speise aus Buchweizen-, Mais- und anderem Mehl oder Grieß, Wasser und Salz
Strankerl – Fisole, grüne Bohne
Struckel – eine Art Strudel aus Nudelteig, mancherorts auch Nudel oder Wickel genannt
Sulz – Sülze, Speise aus Fleischstückchen in Aspik
Suppe (als Zutat zum Aufgießen) – Gemüse- oder Fleischbrühe, Bouillon

T

Teigfleck – ein kleines, dünnes Stück Teig; oder auch eine kleine flache Nudel, etwas größer als ein Fleckerl
Topfen – Quark
Trenten – kleiner flacher, runder Fladen aus Roggenteig

Z

Zwetschke – Zwetsche, eine Pflaumenart
Zuber – Holzbottich, Schaff